www.ingramcontent.com/pod-product-compliance
Lightning Source LLC
Chambersburg PA
CBHW032138040426
42449CB00005B/299

بنام آفریدگار عشق

In the name of the creator of love

عشق با تمام وجود

Love with all existence

نویسنده : علی رضا رضایی

Writer: Ali Rezaei

عنوان کتاب: عشق با تمام وجود (Love with all existence)

نویسنده: علیرضا رضایی (Alireza Rezaei)

ناشر: هنر برتر، آمریکا (Supreme Art, USA)

شابک: ۹۷۸- ۱۹۴۲۹۱۲۴۵۳

این اثر چکیده ایی از زندگی و اتفاقات تلخ و شیرین و احساسات عاشقانه و صمیمی یک نوجوان را بازگو می کند که امیدوارم شروع و پایانش برای شما خوانندگان عزیز مورد پسند واقع شود.

This is an overview of the life and the bitter and sweet emotions and affectionate feelings of a teenager, which I hope its beginning and ending .will be appreciated by your dear readers

علی رضارضایی متولد ۱۳۵۳/۱۱/۲۰ از توابع شهرستان محمودآباد

مازندران می باشم

Ali Razarzai Born on 1975/02/09. I am a rural
resident from the Mahmoudabad city of
Mazandaran

"تقدیم به همه شما همراهان عزیزم با عشق"

Dedicated to all of you dear companions with "
"love

تابستان تمام شده بود ، تب و تاب مدرسه بین بچه ها زیاد دیده می شد .سعید هم مثل تمام بچه های هم سن وسالش آماده می شد که اولین روز مدرسه شروع بشه و همراه مادرش به مدرسه برود.این اولین سال تحصیلی برای سعید بود با ذوق و شوق زیاد منتظر بود تا کیف مدرسه را به دوشش بگذارد و راهی مدرسه بشه .چند روز قبل با ذوق و شوق کودکانه اش مادرش را مجبور کرده بود که کیف و کفش و لباس مورد علاقه اش را برایش بخردتا در مدرسه بپوشد .با پدرش رستم برای خرید دفتر و مداد و کتاب به لوازم التحریر رفته بود و پدرش همه لوازم مورد نیازش را برایش خریداری کردبود.

سعید صبح زود با ذوق و شوق فراوان آماده شد تا به مدرسه برود .پدر و مادرش را اینبار او بیدار کرد صبحانه ای مختصری خورد و کفش مدرسه به پا در حیاط منتظر مادرش ایستاده بود تا او را به مدرسه ببرد . برای رفتن به مدرسه باید مسافت طولانی را طی می کردن از حیاط خانه بیرون آمدند، سعید در کوچه دستهای مادرش را میکشید تا سریعتر بروند.از خوشحالی رسیدن داشت بال در می آورد وقتی سر خیابان رسیدند مادرش گفت : سعید جان مواظب باش ماشینها با عجله در حال حرکت هستند ، صبرکن دستت را بده بمن تا از خیابان رد بشویم .یادت باشه

همیشه دو طرف خیابان را نگاه کنی تا خدای ناکرده ماشین بهت نزنه.پس از گذشتن از عرض خیابان تاکسی جلوی پای آنها ایستاد .سعید به سرعت سوار ماشین شد و مادرش هم بعد او سوار شد.وقتی به سر کوچه مدرسه رسیدند مادرش کرایه تاکسی را داد و پیاده شدند .سعید به سرعت بسمت مدرسه دوید .مامان ، مامان بیا دیگه .شیرین خانم : دارم میام پسرم صبرکن .بعد از به صدا در آمدن زنگ دبستان اولین روز مدرسه شروع شد بعد از خیر مقدم مدیر مدرسه به اولیا و دانش آموزان شروع سال تحصیلی را به همه تبریک گفت .سعید مثل تمام سال اولی ها به سمت کلاس درسش رهسپار شد .مادرش بوسه ایی به رویش زد و کمی نصیحت مادرانه به او کرد.سعید از آن زمان که فهمید باید به مدرسه برود ازخوشحالی سراز پای نمی شناخت .روز اول هم برعکس بعضی از بچه ها از دوری و جدای از مادرش زیاد نترسید. وقتی هم خانم معلم مهربانشان خانم رضاییان وارد کلاس شد با سلام گرمش به بچه ها وخوشامد گفتن به آنها سعید را بیشتر تحت تاثیر محیط مدرسه قرار داده بود و با کلامهای محبت آمیزشروع اولین روز را برایشان جذاب و شیرین کرد. روزنخست بچه های سال اولی و سعید زیاد احساس دوری و تنهایی از خانواده و مادرشان آنها را آزورده نکرد.

بعد از پایان کلاس پدرش به دنبال سعید آمد و او را به خانه برد. روزها و هفته ها به خوبی و شادی پیش می رفت ، سعید هر روز نمره های خوب و عالی می گرفت و خانم معلم هم در دفترمشقش صد آفرین برایش می نوشت و هر چند هفته مادرش با هدیه ایی به دیدنش در مدرسه می رفت و او را می دید و روحیه سعید را بالا می برد. سعید پسر دوست داشتنی و زرنگی بود. درس وشعرهایش را بخوبی از بر می کرد و نمره اتش اکثرا بیست بود. امتحانات ثلث اول را بخوبی قبول شد و پدرش هم برایش جایزه ایی را که قول داد بودگرفت. تشویق باعث می شد سعید با شادی و نشاط بیشتری به مدرسه برود. هفته ها و ماهها بخوبی پیش می رفت. خانم رضاییان از شاگردش راضی بود بارها از استعداد سعید به مادرش گفت و از انضباط و حرف شنوی سعید برای مادرش تعریف کرده بود. سعید سال اول را به خوبی و موفقیت قبول شد با شروع تعطیلات تابستانی سعید هم مثل بچه های دیگر گاهی در کوچه بازی می کرد گاهی تلویزیون تماشا می کرد و گاهی هم همراه پدرش به محل کارش می رفت و چند روزی را هم به مسافرت رفتند. سعید روز به روز به درس خواندن مدرسه رفتن علاقه مندتر می شد کلاس دوم تا چهارم را با نمرات عالی قبول شد و سال تحصیلی جدید به کلاس پنجم می رفت. دیگر مادرش نگرانی چندانی از درس و

مدرسه اش نداشت می دانست او بخوبی درس می خواند وتا حدودی بزرگ شده و بد و خوب را می فهمد .امتحانات ثلث اول را بخوبی قبول شد و با معدل 19.75 شاگرد ممتاز کلاس شد . سعید علاقه شدیدی به فوتبال داشت گاه گداری با دوستان همکلاسیش مسابقه فوتبال می گذاشتند .طبق عادت همیشگی طی هفته روزهای سه شنبه ساعت 3 باید برای مسابقه به زمین چمن می رفت و با دوستانش قرارفوتبال داشت .روز بازی رسید سعید برای رسیدن به سر قرار آماده شد و از خانه بیرون آمد با عجله کوچه شان را طی کرد بسوی خیابان دوید دیرش شده بود وقت چندانی نداشت تمام کوچه را دوید و با شتاب وارد خیابان شد هنوز چند متری از خیابان رد نشده بود که صدای ترمز شدید و حادثه مرگبار و برخورد اتومبیلی در حال عبور و حادثه ای که با بی دقتی و عجله که برایش پیش آمد .برخورد اتومبیل با او چنان شدید بود که چند متری به هوا پرت شد و بعد هم به شدت به زمین برخورد کرد .

تمام جاده پر خون شده بود، مردم از هر طرف برای کمک می دویدند ، راننده اتومبیل در شوک حادثه در جایش خشکش زده بود و برای سعید جدال مرگ و زندگی آغاز شده بود ، پس از چند دقیقه آمبولانس آمده بود بدن خون آلود و له شده سعید را

به سختی روی برانکارد گذاشتند .بعضی از همسایه ها و مغازه دارهای اطراف خیابان این کودک بازیگوش را میشناختند با پدرش تماس گرفتند و خبرحادثه را اطلاع دادند .یکی از همسایه ها به در خانه آنها رفت و جریان حادثه را به مادرش گفت .شیرین خانم با شنیدن خبر از حال رفت کمی آب قند به او دادند تا کمی حالش جا بیاید شیرین می دانست جای اینکه پسرش را تنها بگذارد نیست باید سریعاً به بیمارستان می رفت.

حال سعید در وضعیت خطرناکی قرار داشت ، شدت برخورد با اتومبیل باعث شد بودکه استخواهای ران و لگن و زانویش خورد شوند .بد بختانه هنگام افتادن هم یک دست و کتفش ضربه شدید ببینند ضربه ای که هنگام پرت شدن و افتادن به سرش وارد شده بود او را به کما برده بود .بعد از کمکهای اولیه علائم حیاتی ، سعید در شرایط بقرنجی قرارداشت با مرگ و زندگی می جنگید .پدر و مادرش به بالای سرش آمده بودند .برایشان باور کردنی نبود که پسر عزیزشان را در آن حالت ببینند.چند ساعت قبل هنگام ناهار مشغول شوخی کردن و خندیدن بود و حال داشت از دستشان می رفت .پدر سعید با پزشک متخصص مغز گفتگو کرد پزشک معالج از آنها خواست تا مدارک لازم برای جراحی مغز سعید را امضاء کنند و اگر باید کاری برای نجات جان

سعید می شد همان لحظه وقت آن بود .سعید سریعاً باید برای عکس برداری از جمجمه و آسیب مغزی به اتاق سی تی اسکن مغز و پرتونگاری برده می شد بعد از گرفتن عکس سریعاً مقدمات تخلیه خون از جمجمه و پائین آوردن التهاب و تورم مغزی مورد جراحی قرار می گرفت

ساعتها در اتاق عمل بود تا پزشکاران و پرستاران توانستند او را از مرگ مغزی نجات دهند ولی شرایط جسمی سعید رضایت بخش نبود .اکثر فامیل و خانواده به بیمارستان آمده بودند و هر کس برای دلداری به والدینش چیزی می گفت گاهی هم کسانی از فامیل برایش دعا می کردند و اشک می ریختند .درآن شب و روز سعید بارها تا پای مرگ رفت ولی به کمک پزشکان از خطر مرگ نجات یافت .پدرش مثل پروانه در تب و تاب بین اتاقهای بیمارستان و داروخانه و اتاق دکترها در رفت و آمد بود بعد از چندین عمل پی در پی بروی سرش و بند آمدن کامل خونریزی دکتر ها کمی بیشتر به حیات او امیدوار شدند .چند روزی به همین منوال سپری شد و خانواده پشت درهای بیمارستان و مراقبت های ویژه منتظر شنیدن خبر بهوش آمدنش بودند .روزها و هفته ها گذشت ولی بهبودی چندانی حاصل نشد، خانواده در نامیدی مطلق از بهوش آمدنش بودند .شیرین از بس اشک ریخته بود

مثل گچ سفید شده بود دیگر نایی برای حرف زدن نداشت و حال روز مساعدی نداشت .طی چند روز بارها او را در بیمارستان بستری کرده بودند و سرم و آمپول تقویتی برایش تجویز کردند . هر کس او را می دید چیزی می گفت :اگر خدا بخواهد خوب میشود ،همه چیز دست خداست.جگرش سوخته بود سعید را فوق العاده دوست داشت و برایش عزیز بود نمی توانست تحمل کند که پسرش در آن حالت زیر آن همه دستگاه و درد و رنج باشد .بعد از دو ماه دشواری و رنج و عملهای پی در پی و شکسته بندی های بی شمار و گذاشتن میله نگهدارنده در چندین استخوان ران و کتف و بازو ، سعید هنوز به هوش نیامده بود .ولی پدرش امیدوار بود می دانست پسرش قوی و پر تحمل است .او می دانست سعید هر روز ورزش می کرد و به خودش امید می داد می تواند و باور داشت .بعد از سه ماه طاقت فرسا و هزینه های کمر شکن سعید در اتاق مراقبتهای ویژه زیر تنفس مصنوعی و دستگاههای هشدار دهنده ضربان قلب و مغز هنوز به هوش نیامده بود زمزمه هایی بین افراد آشنا و فامیل به گوش می رسید که ممکن است او به هوش نیاید و این همه زجر و هزینه برایش بی نتیجه باشد ، بهتر است او را از دستگاه جدا کنند ولی مادر سعید بارها محکم در مقابل این گونه اظهار نظرها ایستاده بود . مادر بود و نمی توانست مرگ فرزندش را باور کند او بارها به پدر

سعید گفته بود اگر تمام دارایی های خودش و خانواده اش را
برای نجات جان سعید هزینه کند ، می کند تا سعید زنده بماند .
پس از سه ماه چند روز علائم حیاتی سعید کمی بهبود یافته
بودن و اوضاع وعلائم جسمی سعید رو به بهبود پیش می رفت .
دکترها نسبت به شرایط جسمی سعید ابراز رضایت می کردند و
هر روز خبرهای خوشی به پدر و مادر سعید می گفتند و شرایط
برای خانواده هم بهتر شده بود .امید زنده بودن سعید بین
خانواده بیشتر شده بود بعد از ماهها پدر و مادر سعید با ذوق
بیشتر جسم بی رمق و داربست بسته پسرشان را تمیز می
کردند .مادر هنگام تمیز کردن بدن فرزندش آهسته صدایش می
کرد و هر چند لحظه بوسه ایی از محبت بر گونه بی حسش می
نهاد و زیر گوشش آهسته می گفت : سعید پسرم من کنارتم ،
نترس همیشه اینجام ، زودتر خوب شو من منتظرتم .شیرین
هنگام نوازش سعید اشک از گونه هایش جاری بود او دلش از
این همه رنج و درد فرزندش ، به درد می آمد ولی باید خودش را
کنترل می کرد و امیدوار به لطف الهی بود تا سعید به هوش بیاد
اوهم مثل رستم مطمئن شده بود سعید توان برگشتن به زندگی را
دارد و این روزها بیشتر امیدوار بود .در بیمارستان دیگر همه او را
می شناختند .این چند ماه از بس در بیمارستان مانده بود مثل
یکی از کارکنان بیمارستان شده بود .بارها خواهر و برادر حتی

همسرش از او خواستند که چند روز برای استراحت به خانه برود و کار نگهداری و مراقبت از سعید را به آنها بسپارد ولی او هرگز حاضر نشد این کار را قبول کند .شیرین می ترسید که اگر او سعید را تنها بگذارد آن فکری که در خاطرش حتی نمی خواست به آن فکر کند اتفاق بیفتد و او سعید را برای همیشه از دست بدهد .به این خاطر تمام سختی و رنج ماندن در کنار سعید و مشکلات بیمارستان را قبول می کرد و به خانه برای استراحت نمی رفت و در جواب خواسته اطرافیان می گفت : به امید خدا سعید به هوش آمد من هم برای استراحت به خانه می روم ولی فعلاً او بمن احتیاج دارد و باید درکنارش باشم. همه می دانستند او مادر است و حق هم دارد ، نمی شد به زور او را از فرزندش جدا کرد باید شرایط او را درک می کردند و به او روحیه می دادند.

روزهااز پس هم می گذشتن در لیست چکاب روزانه پرستارها فشار خون وتب وعلاعم حیاتی بیماران برای بازدید پزشکان نوشته می شد طبق گزارش پرستار شیفت شب علائم حیاتی سعید در ساعت یک بامداد نرمال درحال هوشیاری را مشخص می نمود . بهمین خاطر پزشک متخصص مغز و اعصاب به بالین سعید آمده بود و سعید را مورد معاینه چشمی و ضربان نبض قرارداد و نوار

مغزی ضبط شده او را در تمام طول شب چک کرد .به نظر پزشک حال سعید نسبت به هفته ها و روزهای قبل خیلی فرق داشت و بیشتر رو به بهبودی و هوشیاری می رفت پزشک متخصص به پرستار بخش دستور داد که در ساعتهای پیش رو مراقبتهای بیشتری از این بیمار خاص صورت بگیرد و هر لحظه منتظر هوشیاری و یا علائم بیشتر از سیگنالهای حیاتی مغز سعید باشند چون هر آن ممکن است او به هوش بیاید و غفلت از این مسئله ممکن است باعث صدمات شدید مغزی و از کار افتادن قسمتی از بدن بیمار شود ، خبر بالا رفتن هوشیاری و علائم حیاتی سعید برای مادر و پدرش بسیار امیدوار کننده و روحیه بخش بود چهارماه بود آنها منتظر شنیدن خبر بهبودی سعید بودند .

دو روزی به این منوال سپری شد ، همه منتظر خبر به هوش آمدن سعید بودند .پزشکان نوع دارو های مورد نیاز بدن سعید را برای شتاب دادن مراحل بهبودی سیگنالهای مغزی وهوشیاری سعید را تغییر دادند.ساعت به ساعت تغییرات در سعید مشهود و قابل درک بود ، ساعت ده شب پرستارهای کشیک به سمت اتاق سعید با شتاب در رفت و آمد بودند.پزشک کشیک شب بر بالین سعید آمده بود در چند لحظه سعید به هوش آمده بود و به سرعت

پزشکان مغز و چند پزشک متخصص دیگر به بیمارستان فرا خوانده شدند .بیمارستان در التهاب و هیجان خبر هوشیاری سعید بعد از چهار ماه و اندی انتظار ، قرار داشت .پدر و مادر سعید هم هیجان زده و نگران از حال و احوال فرزندشان پشت در اتاق مراقبتهای ویژه این پا و آن پا می کردند ، مادرش با دستی بسوی آسمان مشغول خواندن دعا بود و از خدا می خواست که فرزندشان را به آنها باز گرداند.

اشکهای شوق از چشمانش سرازیر شده بود .چند بار از همسرش پرسید حال سعید چطور شده ؟ به هوش آمده؟ مردم از بی خبری چرا کسی چیزی نمی گه، رستم حتماً خبری شده که پرستارها اینقدر با عجله در رفت و آمدن .زیاد طول نکشید که پزشکان به بالین سعید آمدند ، خبر به هوش آمدن سعید آنها را هم شگفت زده کرده بود .پس از معاینه و بررسی های اولیه پزشک متخصص خبر هوشیاری و به هوش آمدن سعید را تائید کرد و چگونگی حفظ و رسیدگی به بیماردر این مرحله را برای پرستاران و پزشک کشیک توضیح داد و در اندیکاتور دستور داد که صبح اولین فرصت برای عکس برداری و سی تی اسکن مغزی فرستاده شود.

هنگام خروج پزشک متخصص رستم پدر سعید پیش رفت و بعد از سلام حال سعید را جویا شد، پزشک با لبخندی رضایت بخش به او گفت : به لطف خدا پسرتان به هوش آمده و دیگر خطر رفع شد، حالا ما می توانیم کارهای لازم را برای بهبود اوضاع جسمی او انجام دهیم ، حالش خوب می شود .رستم خواست از خوشحالی دستش را ببوسد که پزشک دستش را کشید و به او گفت : پدر جان این کار خداست و استقامت پسرتان ما وظیفه خودمان را انجام دادیم ، انشالله همه چیز درست می شود.

برق امید و اشک شوق از گونه رستم جاری شد : خدایا شکرت ، خدایا ممنونم .شیرین هم مثل بچه ها گریه می کرد ، از خوشحالی بود ، از درد بود ولی بعد از ماها انتظار دوباره خبر خوبی شنیده بود، پسرش به هوش آمده بود از شادیش گریه می کرد و از خدا سپاسگذار بود از همه تشکر میکرد چند بار جلوی پرستارهای بخش را گرفته بودازآنها تشکرکرده بود حتی چند بار دستشان را بوسید و می گفت : خدا شما را حفظ کند شما برایم خیلی زحمت کشیدید الهی سفید بخت شوید .انشالله هر چه از خدا می خواهید به شما بدهد من ممنونتان هستم .نمی دانست شادی این لحظه را چگونه برایشان بیان کند ولی هرچه بود داشت پرواز می کرد هیچ وقت به این اندازه از شنیدن خبری شاد نشده

بود .صبح زود سعید برای عکس برداری مغز انتقال یافت .
چشمهایش باز شده بود پدر و مادرش لحظه ایی توانستند خود را
به کنارش برسانند و دستی به سر و رویش بکشند ولی می
دانستند باید کمی بیشتر صبر کنند ، خبر به هوش آمدن سعید
تمام خانواده را شاد کرده بود .از اول صبح یکی یکی فامیل برای
تبریک و ابزار خوشنودی و دلداری به بیمارستان آمده بودند .پشت
درب بسته بیمارستان اکثر فامیل ایستاده بودند ، رستم برای لحظه
ایی به جمع آنها رفت و ضمن تشکر از آنها خبر به هوش آمدن
سعید را با آب و تاب تعریف کرد .هق هق گریه و اشکهای شوق
و صدای خدایا شکرت با شادی فامیل در هم آمیخته بود ، آری
به راستی برای همه باعث خوشحالی وشادی بود .ماهها بود که
تمام فامیل در غم و غصه این حادثه فرو رفته بودند و هر آن
منتظر یک خبر ناخوشایند بودند و حالا بهترین خبر را شنیده بودند
، حق داشتند اشک شوق بریزند.

کارها به خوبی پیش می رفت. طی چند روز چند عمل برای
بهبود سعید انجام شد و هر روز شرایط جسمانی سعید بهتر از
روز قبل می شد .هنوز توانایی حرف زدن نداشت ولی چشمانش
باز بود می توانست اطراف را ببیند ولی پزشکان گفتندکه در حال
حاضر قدرت تشخیص اطرافیان را نخواهد داشت ، این برای

بیماری او طبیعی بود .روز ملاقات هرکس با گل و شیرینی به دیدن او آمده بودند و او را از پشت اتاق نگاه می کرد .پشت تخت سعید بالاتر از سر و گردنش دیده می شد چشمانش باز بود مادرش به این قانع بود کنار فامیل ایستاده بود و از شادی آنها اشک می ریخت و از همه تشکر می کرد که آمده بودند تا سعید را ببینندو با اشتیاق می گفت پسرم حالش خوب است او روز به روز بهتر می شود.

رستم پس از به هوش آمدن سعید به شیرین گفت که به خانه برود و استراحت کند دیگر خطر رفع شده است بهتر است او مواظب حال خودش باشد ، با اصرار خانواده و خواهرانش شیرین قبول کرد به خانه برود ، بعد از روزها و ماهها میتوانست کمی با خیال راحت استراحت کند.

روزها و هفته ها به سرعت پیش می رفت سعید حال بهتری از قبل پیدا کرده بود .به تشخیص پزشکان صدمه وارده به سعید باعث فراموشی کوتاه مدت به او شده بود و او بعد از مدتی به مرور زمان حواسش سر جا می آمد .به این خاطر پزشکان راحت تر می توانستند بدن شکسته او را درمان و جراحی کنند .تا 6 ماه بعد از به هوش آمدن سعید در گیر شکسته بندی و در آوردن و جا گذاشتن میله در داخل استخوانهای شکسته دستش بود .هر

چند برایش زجر آور و درد ناک بود ولی چاره ایی برای او و پزشکان جز این نبود تا بتوانند سلامتیش را بر گردانند. استخوان ران پای راست او چند تیکه شده بود به علت شدت شکستگی کمی در آینده دچار مشکل می شد ولی جراحان تا جای ممکن تلاش خود را برای ترمیم و باز سازی استخوان خرد شده ران او انجام دادند، شکستگی کتف چپ و بازوی چپ کمی شدیدتر بود پس از ماهها تحمل درد و رنج یکی یکی از استخوانهای شکسته ترمیم می شد. کم کم داشت چیزهایی از خانواده و گذشته به یاد می آورد. ماه ها بود که کسی را نمی شناخت. مادرش شیرین خیلی تلاش کرده بود شاید او را به یاد آورد به همین قدر هم که سعید زنده بود راضی شده بود. پزشکان گفتند به مرور زمان طی چند ماه به خودی خود همه چیز به خاطرش می آید. حق داشت 124 روز در کما بود شدت ضربه و شکستگی اعضای بدنش بی اندازه شدید بود ، مغزش ماهها غیر فعال و خاموش بود چیزی به یادش نمی آمد تازه تحمل درد و رنجش با فراموشی بیشتر بود این هم به لطف و خواست خدا بود که او را نجات داده بود و میخواست تحمل دردش را آسان کند و او چیزی از چند ساعت قبل هم به یاد نمی آورد تنها در آن لحظه زندگی می کرد. گزارشات پزشکی روز به روز بر سلامتی و ترمیم استخوانهایش صحه می گذاشت ، 9 ماه از به هوش آمدن سعید

می گذشت از هر کسی که می دید می پرسید من چرا اینجام و گریه می کرد ، پرستارها هم برای آرامش به او آرامبخش تزریق میکردند تا کمی آرام بگیرد .پدر و مادرش در این شرایط روحی سخت تنهایش نمی گذاشتن .آنها با زبانی ساده سعی می کردند او را متوجه اطراف و شناساندن خودشان به سعید کنند ، گاهی هم پرستاران چاره ایی جز خواباندن سعید نداشتند .سعید یک سال کامل تحصیلی را از دست داده بود و در بیمارستان بستری بود، پزشکان به پدر سعید رستم گفته بودند که آنها می توانند بیمارشان را مرخص کنند و برای استراحت و دوران نقاهت به خانه ببرند ، پس از ماهها ماندن در بیمارستان و بهبودی نسبی سعید از لحاظ جسمی تحت نظر فیزیوتراپیست قرار داشت و همچنین متخصص مغز و اعصاب که داروهایش را برایش تجویز کرده بود و هفته ایی یک بار برای مداوا به مطب دکتر می بردنش .سعید از حال جسمی روز به روز بهتر شده بود و پس از تسویه حساب از بیمارستان به سمت خانه رفتند .خانواده سعید از قبل گوسفندی برای قربانی کردن گرفته بودند و منتظر آمدن او به خانه بودند .وقتی رستم و سعید و شیرین به در خانه رسیدند گوسفند برای قربانی کردن آماده بود   پس از ذبح گوسفند و گذشتن سعید و پدر و مادر از روی خونش آنها داخل خانه شدند .پس از دود کردن اسپند و سلام و صلوات ، و ماهها

درد و رنج دوباره خانواده دور هم جمع شده بودند و آن شب را به شادی ومحبت در کنار هم بودند.

در خانه حال سعید روز به روز تغییر می کرد ، بودن در کنار خانواده و رسیدگی های مادرانه شیرین و قدم زدن به همراه رستم و دیگر اعضاء خانواده باعث شده بود که روحیه سعید بازگردد ، کم کم چیزی می خواست مادرش را صدا می زد ، افراد نزدیک خود را می شناخت و قرصهای مغز و اعصابش را سر ساعت مصرف می کرد و هفته ایی دو بار هم فیزیوتراپی می رفت .کارها به خوبی پیش می رفت، پس از دو ماه دیگر اطرافیان را می شناخت ، ولی کمی با مشکل گفتگو می کرد و دچار ترس و استرس شده بود و نمی توانست منظورش را واضح برساند از نظر پزشک معالج این وضعیت طی چند هفته تا چند ماه به طور کلی رفع می شد .اوضاع خانواده داشت به طور معمول بر می گشت ، رستم به محل کارش برگشته بود او معمار ساختمانی بود و طی چند ماه کاریش عقب افتاده بود و از طرف پیمانکاران و مهندسین تحت فشار بود ولی به علت حال و اوضاع سعید نمی توانست پاسخگوی در خواست آنها باشد دیگر دلیلی برای تعلل در کارهایش نبود بنابراین مشغول کارش شده بود .شیرین هم در خانه با آرامش و علاقه به کارها و سعید می رسید و هر چند وقت

به اتاق سعید می رفت   و آب میوه ایی برایش می برد و با او صحبت می کرد .سعید از قبل بهتر شده بود و هر وقت مادرش را می دید لبخندی می زد و حرفی را به میان می کشید ، از چیزی می پرسید و کنجکاوی خود را نشان می داد ، کم و بیش می توانست راه برود نسبت به گذشته تعادل بیشتری روی حرکت دست و پایش داشت و مادرش هم هر گاه به او سر می زد او را ماساژ می داد و تلاش می کرد که او را به راه رفتن و حرکت علاقه مند کند ، سعید به مرور زمان و طی یکسال و نیم تحمل درد و رنج دیگر می توانست به خوبی حرکت کند گاهی تا سر خیابان می رفت و بر می گشت حالش خیلی بهتر شده بود ، دیگر همسایه هایشان را هم می شناخت و با آنها سلام و احوالپرسی می کرد و آنها هم از دیدن او خوشحال بودند طی مدتی که سعید تصادف کرده بود آنها حال زار پدر و مادرش را دیده بودند و این نگرانی آنها در عاطفه جمعی همه همسایگان تاثیر گذاشته بود و به نوعی آنها هم نگران سعید بودند و حال سعید خوب و سرحال در کوچه دیده می شد و همین هم برای همسایه ها باعث رضایت خاطر بود .پدر و مادر سعید انسانهای مهربان و بی آلایشی بودند و تا جای ممکن در کارها و مراسمهای جشن همسایه ها به آنها کمک می کردند و برای همین هم مورد احترام و توجه همسایه ها بودند.چند هفته ایی به بازگشایی مدارس مانده بود، سعید هم

کم و بیش آمادگی شروع مجدد درس و مدرسه را داشت .پدرش رستم به مدرسه رفته بود و در مورد شرایط جسمی و روحی سعید با مدیر مدرسه صحبت کرده بود به نظر مدیر مدرسه آمدنش بلامانع بود ولی مدیر مدرسه نمی توانست مراقبت فردی از یک دانش آموز داشته باشد از پدرش خواست که برایش در مدرسه ثبت نام کند ولی معلم خصوصی برایش بگیرد و فقط زمان امتحانات او را به مدرسه بیاورد که امتحان بدهد تا سال پنجم را قبول شود و از دوره راهنمایی به کلاس درس برود، پدر سعید هم شرایط مدیر مدرسه را قبول کرد.

با آغاز سال تحصیلی رستم سعید را در دبستان ثبت نام کرد و لوازم التحریر و کتابهای درسی را برای سعید خریداری کرد و با چند معلم در دبستان گفتگو کرد و قرار بر این شد که سعید روزی دو ساعت به خانه معلمهایش برود و آنها کلاسها را برایش برگزارکنند و درسهایش هم برایش مرور کنند تا او همانند شاگردان مدرسه پیش برود .روزهای امتحان با پدرش هماهنگ می کردند یا با خانه شان تماس می گرفتند و شروع امتحان و ساعت امتحان را اطلاع می دادند.ثلث اول را بخوبی پیش برده بود و نمره قبولی گرفت ، طی ماهها همین رویه برای ادامه تحصیل سعید ادامه داشت و او توانست کلاس پنجم را قبول شود

، دوستانش که سال قبل به کلاس بالاتر رفته بودند گاه گداری او را می دیدند و از دیدنش ابراز خوشحالی میکردند مثل سابق فوتبال بازی می کردند ولی سعید دیگر توانایی دویدن و سرعت عمل گذشته را نداشت به نوعی ضربه مغزی رفتارهای او را کند و آهسته کرده بود که به راحتی از نوه حرکت و رفتارش مشاهده می شد ، طی چند عمل میله های داخل بدنش را در آورده بودند ولی هنوز زیر نظر متخصص مغز و اعصاب بود روزانه باید 9 عدد قرص اعصاب و مغز مصرف می کرد تا دچار مشکل نشود این امر باعث ایجاد سستی و کم تحرکی او شده بود ، مادرش شیرین همیشه فکر می کرد باید این قرصها را تمام و کمال بخورد تا دچار مشکل نشود ولی رستم بارها از دکتر سعید خواسته بود اگر امکان داد قرصهایش را کم و کمتر کند تا پسرش بتواند به حالت اولیه برگردد .با شروع مدارس سعید هم مثل دیگر دانش آموزان به مدرسه راهنمایی رفت و سرکلاسها حاضر می شد و از درسها نمره قبولی میگرفت ، پدرش به مدیران و معلمان سپرده بود که از او انتظار حرکات تند و سریع یا ورزشی را نداشته باشند سعید به علت مشکلات تصادف قادر به انجام حرکات سریع ورزشی نیست و آنها هم قبول کرده بودند تنها تئوری از او امتحان بگیرند و شرایط جسمی و روحی او را در نظر بگیرند .دوره راهنمایی به سختی ولی با کمک پدر و مادر و معلم ها برای سعید پیش رفت و

توانست تا در دوره دبیرستان ثبت نام کند. شرایط جسمی و روحی سعید دیگر ثابت شده بود ، هر چه بزرگتر می شد گوشه گیر تر و خسته تر نشان می داد ، 16 سالش شده بود دیگر از خیلی چیزها و حرفها و واکنش های مردم اطرافیان سر در می آورد ، زیر نگاه اطرافیان و دوستان و آشنایانش احساس حقارت و ضعف می کرد. سعی می کرد کمتر در جمع باشد ، از نشستن بین فامیل و دوستان گریزان شده بود. بارها پدرش او را پیش دکتر متخصص برده بود و آنها از مغزش عکس برداری و نوارمغزی گرفتند ، همه چیز خوب نشان می داد ولی سعید با خوردن انواع قرص تغییری در رفتارش مشاهده نمی شد ، دیگر همه می گفتند مشکل روحی دارد بیچاره ، فکر می کردند به علت ضربه مغزی عقلش دچار مشکل شده است. مادرش تنها می خواست او سالم باشد برای همین با وسواس و نگرانی تمام از دکترش می خواست برای سعید دارو تجویز کند ، گاهی هم دکترها به ناچار برایش چند قرص می نوشتند تا شاید خاطر مادرش را از بابت سعید آسوده کنند.

سعید روزها آرام به مدرسه می رفت و آرام بر می گشت همیشه از کنار خیابان رفت و آمد می کرد ، طی این سالها از بس که به همین منوال رفت و آمد کرده بود اکثر مغازه داران اطراف هم او را

شناخته بودند و می دانستند او کیست و چه مشکلی دارد و سعی می کرد که با خوش رویی و محبت با او برخورد کنند ، سعید هم ذاتاً پسر خوب و خوش برخوردی بود و بیشتر اوقات به همه سلام می کرد حتی در این زمان که بزرگ شده بود ونوجوانی 18 ساله شده بود و دیگر در سوم دبیرستان درس می خواند ، کم و بیش پسر خوش پوشی شده بود.

، گاهی هم سرکوچه برای وقت گذرانی می نشست بخاطر اینکه در خانه حوصله اش سر می رفت و نمی توانست ورزش خاصی انجام دهد تا سرگرم باشد .دست بر قضا در یکی از روزها دو نفر از هم کوچه ای هایشان را دید ، علی و حسین دو دوست بودند که اکثر اوقات را باهم می گذراندند و به خانه های هم می رفتند و درس می خواندند .آنها می خواستند به سینما بروند و از سعید که سر کوچه نشسته بود خواستند اگر دوست دارد همراه آنها بیاید ، سعید کمی این پا و اون پا کرد وبعد راضی شد که با آنها به سینما برود .آن روز به هر سه آنها خیلی خوش گذشت .پس از آمدن به خانه سعید کل ماجرای دیدن دوستان تازه اش را برای پدرش تعریف کرد و گفت که همراه آنها به سینما رفت و کلی خوش گذشت و برایش دیدن فیلم در سینما خیلی جالب و جذاب است ، رستم گفت : کار خوبی کردی که سرگرم شدی برایت

لازمه کمی خودت را سرگرم و مشغول داشته باشی و از او خواست اگر دوست داشت دوستانش را به خانه شان دعوت کند تا باهم باشند.

سعید هفته ایی دو روز بعداز ظهر به شهر دیگری برای کلاس تقویتی می رفت تا در چند درس از جمله زبان انگلیسی بتواند پایه های تحصیلی خودش را قوی کند .از شروع سال تحصیلی او در یکی دو درسش دچار مشکل بود و نمی توانست به خوبی از پس کلاس بر آید و نمراتش زیر 10شده بود برای همین هم مدیر دبیرستان از او خواسته بود که برای خودش به کلاس تقویتی برود و او هم چند هفته ایی بود که بعداز ظهر ها به کلاس می رفت وغروب به خانه برمیگشت دریکی ازاین روزها هنگام برگشتن سعید با ماشین خطی دختری درکنارش نشست که بسیار زیبا بود سعید کمی معذب شد و خودش را جمع کرد ، تا مقصد سعید به خودش فشار می آورد که باعث برخورد و ناراحتی بغل دستی خودش نشود .الهه بر عکس سعید کم وبیش بی خیال و راحت نشسته بود و حواسش به بیرون جلب شده بود و توجه ایی به سعید نداشت .هر دو باهم در یک لحظه گفتند : آقا سر شهرک پیاده میشیم، در آنی الهه به سعید و سعید به الهه نگاهی از تعجب انداختند ، پس از اندکی راننده سر شهرک توقف کرد ،

الهه سریع پیاده شد و راهش را گرفت و رفت بعد هم سعید به آرامی از ماشین پیاده شد و پشت سر او به راه افتاد برای سعید دیدن آن دختر زیبا و خوش صدا در ماشین و نیز آمدنش دقیقاً به شهرکشان و حرکتش به سمت کوچه آنها باعث تعجب بود .او چه کسی می توانست باشد ؟ چرا تا کنون او را ندیده بودم ؟ امکان نداشت او اهل اینجا باشد .سعید تا 50 متری نرسیده به خانه اش پشت سر الهه بود بعد هم الهه دم در خانه شان ایستاد و لحظه ایی بعد درب باز شد و او به داخل حیاط رفت سعید هم از جلو خانه آنها رد شد به آرامی نگاهی انداخت ، او این خانه را می شناخت بارها با پدر و مادر الهه سلام و احوالپرسی کرده بود و آنها را به نامهای سیما خانم و اکبر آقا تهامی میشناخت .هیچ گاه فکر نکرده بود ممکن است آنها دختری به این سن و سال داشته باشند که او ندیده باشد وقتی به خانه بر گشت اولین سوالی که بعد از سلام از مادرش پرسید راجع به او بود : مامان داشتم می اومدم همراهم در مسیر دختری وارد کوچه شد و به خانه آقای تهامی رفت به نظرت او چه کسی بود: شیرین لبخندی به رویش زد و گفت : پسرم حتماً یکی از دخترهای آنها ، افسانه دختر بزرگش یا الهه دخترکوچکشان بود ، مگه قبلاً ندیده بودیشون ؟ سعید به یاد نمی آورد که آنها را دیده باشد تنها گفت : پس دخترشان است ، به اتاقش رفت و لباسش را عوض کرد و به سالن برگشت و از

مادرش پرسید چیزی برای خوردن هست ؟مادرش برایش غذا که آماده کرده بود آورد تا او بخورد .سعید تمام آن شب را به الهه فکر کرد و بارها اسمش را تکرار کرد ، دلش می خواست دوباره او را می دید .صبح هنگام رفتن به دبیرستان سعید نگاهی به خانه الهه انداخت ولی کسی در را باز نکرد تا او ببیند ، تمام راه را داشت فکر میکرد .وقتی سر کلاس نشسته بود حواسش جمع کلاس نبود ، کم حرف و گوشه گیر بود عشق هم به مشکلاتش اضافه شده بود.برایش این حس تازگی داشت بی جهت نگران و مضطرب می شد طی روز چند بار دم در خانه آمد و بیرون را دید زد ، به نظرش آمد باید روزی که به کلاس می رود منتظر دیدن الهه شود سرش را به چیزهای دیگری گرم کرد ، الهه هم چون او در کلاس سوم دبیرستان درس می خواند ، برعکس سعید مدرسه اش در شهر مجاور بود که ظهر ها می رفت و غروب بر می گشت.

طبق معمول سعید هنگام رفتن به کلاس تقویتی هم نتوانست الهه را ببیند و به فکرش هم نرسیده بود ممکن است او را در آنجا درس بخواند و زودترحرکت کند و دیرتر برگردد .روزهای متعددی سپری شد سعید نتوانست دوباره الهه را ببیند کم کم داشت از فکرش بیرون می آمد تا اینکه سعید موقع بر گشتن به خانه در

غروب جمعه نزدیک خانه آقای تهامی درب حیاط باز شد و دو خانم که یکی سیما خانم همسر اکبر آقا بود و دیگری خواهرش سونیا که سعید تا کنون او را ندیده بود و همچنین دخترش و دو دختر آقای تهامی افسانه خواهر بزرگتر و الهه که از درب حیاط بیرون آمدند .سعید طبق عادت مسیرش را می رفت وقتی به جمع آنها رسید طبق عادت همیشگی که به همه سلام می کرد سلامی کرد ، سمیا خانم که متوجه سعید شده بود: سلام پسرم ،سعید جان حالت خوبه مادرت چطوره ؟ سعید تنها یک لحظه نگاهش را بر گرداند و الهه را دید که با تعجب به او نگاه می کرد لحظه ایی نگاهشان به هم خورد سعید با گفتن خوبم زن عمو سلام داره ، از کنارشان رد شد .بعد هم سیما خانم به خواهرو خواهرزاده اش گفت : طفلی از وقتی تصادف کرده عقلش زیاد کار نمی کنه ، ساکت و منگ شده ، خدا به مادرش صبر بده اتفاقه چه می شه کرد .دوباره آتش به دل و جان سعید افتاده بود داشت الهه را از فکرش بیرون میکرد و دوباره او رادید.الهه کم و بیش سعید را می شناخت و از تصادف و بیمارستان او خبر داشت ، بارها صحبت او و مشکلاتش را بین پدر و مادرش شنیده بود و هم چندین بار یا در خانه و یا درکوچه مادرش را جلوی مادرسعید را گرفته بود و جویای احوالات سعید شده بود و آنها همسایگان خوبی برای هم بودند.

سعید طبق عادت هر شب چند قرص مصرف می گیرد تا آرام بگیرد و بخوابد .دوستانش هم چندین بار برای دیدنش آمده بودند ولی به دلایل کم حرفی و مشکلات روحی و ذهنی سعید کمتر سعی می کردند به خانه آنها بیایند ، آنها در بیرون خانه هم دوستان خوبی بودند.

هر چه سعید بزرگتر و روزهای بیشتری سپری می شد علاقه او به دیدن الهه بیشتر و بیشتر شده بود ، چند باری توانسته بود الهه را در جاهای مختلف ببیند ولی جرات سلام و یا گفتن چیزی برای شروع یک گفتگو را نداشت .سعید آنقدر در بیان کلمات دچار مشکل بود که اگر هم می خواست نمی توانست تا او کلمه ایی را بگوید حوصله طرف مقابل سر می رفت ، بیشتر دوستان او به خاطر همین کند حرف زدنش و آهسته حرکت کردنش به او طعنه می زدند و او را سرزنش می کردند .سعید یک طرفه خودش عاشق الهه شده بود ، مثل دیوانه ها علاقه داشت او را ببیند و دلش به این خوش بود هر چند وقت به صورت الهه نگاه کند و به چشمهایش خیره شود برایش مهم نبود الهه نمی داند یا می داند ، او دوستش دارد فقط خیالش آسوده بود که او می بیند و پیش خودش هم فکر می کرد الهه حتماً می تواند از نگاهش احساس درونش را بفهمد و می داند که سعید به او علاقه مند

است .از روزی که مادرش گفته بودکه او دچار مشکل مغزی است الهه نگاه ترحم انگیزی به سعید داشت .بارها در مسیر بازگشت شده بود که کرایه ماشین او را حساب کرده بود حتی گاهی هم پیش از او به او سلام کرده بود هرگز پیش خودش فکر نکرده بود این برخورد او پیش سعید وارونه به نظر می رسد و او فکر خواهد کرد که او به سعید علاقه مند است ، الهه پیش خودش تنها برای سعید دلسوزی میکرد .سعید ماجرای علاقه اش به الهه را به مادرش گفته بود و از او خواست که الهه را برایش خواستگاری کند ، اما شیرین لبخندی به رویش زد و گفت آنها الهه را به او نخواهند داد .روزها و ماهها به این روال ادامه داشت جز سعید کسی از غم دلش خبر نداشت تا اینکه اتفاق نادری برایش پیش آمد ، دیگر در خانه حوصله کسی را نداشت، بی جهت از هر چیز ایراد می گرفت مادرش فکر کرد شاید عاشقی باعث مشکل روحی وی شده بود .دوباره او را به نزد دکتر متخصص اعصاب و روان بردند و طبق تجویز و تشخیص پزشک باید تحت درمان و رسیدگی قرار می گرفت ، بیچاره سعید نمی دانست دردش را چگونه به آنها بفهماند طبق تجویز پزشک تعداد زیادی قرص و دارو برایش نوشته شد و او باید در هر وعده غذایی بیش از 10 الی 11 عدد از آن قرصهای مسکن و آرامشبخش مغزی را مصرف می کرد تا دچار مشکلات نشود هر چه او به

مادرش اصرار کرد که حالش خوب است مادرش راضی به قبول آن نشد و سعید هم چاره ایی جز قبول و مصرف دارو نداشت .بعد از یکی دو روز دیگر سعید آرام و بی آزار نشان می داد .هیجان و شادابی کمی هم که در او بود از بین رفته بود حتی از یادش رفت که کسی را دوست داشت .تابستان فرا رسیده بود دیگر سعید رمقی برای حرکت و جنب و جوش نداشت روبروی در خانه می نشست و به فوتبال بچه ها در کوچه شان نگاه می کرد و آمد و رفت آدمها در کوچه شان را نگاه می کرد .طی تابستان الهه با یکی از پسرهای سمج آشنا شده بود و قرار دوستی گذاشته بودند و آن پسر توانسته بود با چرب زبانی و زیرکی دل و و عقل الهه را بدزدد .در زمانی که سعید در گرفتاری و رنج دست و پا می زد آنها هر روز با هم گرم گفتگو و صحبت بودند و گاهی با هم قرار های عاشقانه در سینما یا پارک می گذاشتند و یا در مسیر کلاس هم دیگر را می دیدند.

سال جدید تحصیلی شروع شده بود که حال و وضع سعید کمی آرامتر به نظر می آمد .وسواس و نگرانی مادش نسبت به او کمتر شده بود و سعید هم دیگر نای لج بازی و ایراد گرفتن نداشت .در کلاس بالاتر که ثبت نام کرده بود پس از چند هفته دوباره سعید چیزهایی از الهه و دوست داشتنش را به یاد آورد ، این بار مثل

دیوانه ها شده بود چند بار جلوی الهه را گرفت و با زبان بی زبانی

به او گفت : الهه من تو را دوست دارم .الهه در جوابش گفته بود

:تومثل برادر من هستی لطفاً دیگر مزاحم من نشو .سر خیابان

سعید چندیدن بار دیگر هم جلوی او را گرفت و تا خواست حرفی

بزند الهه با تندی به او گفت : دیوانه دیگر نمی خواهم تو را ببینم

اگر مزاحمم بشوی به پدرم می گویم .ولی سعید مردد بود چکار

کند آخه الهه را دوست داشت .واقعاً او را دوست داشت این قدر

هم که توانسته بود به او بگوید به اصرار دوستش علی بود که به

او گفت باید جلوی راه الهه بایستد و با او صحبت کند و بگوید

دوستش دارد تا او از علاقه قلبی سعید باخبر شود ؛ بیچاره سعید

جراتش و زبانش باهم یکی نبودند و هر دو دچار مشکل بود تنها

خودش می دانست که چند سالی است که الهه را دوست دارد ولی

فکر نکرده بود که الهه به او علاقه ایی نداشت.

دوسه باری سعید برای الهه دردسر درست کرد تا اینکه مادر الهه

به خانه آنها آمد و جریان و اتفاقات را برای مادر سعید تعریف

کرد.

شیرین هم بدون معطلی سعید را سرزنش کرد و از رستم خواست

تا او را نزد پزشک ببرد و برایش داروهای تازه ایی بگیرد تا او را از

این فکر و مزاحمت برای دختر همسایه بیرون بیاورد.فردای آن

روز بعداز ظهررستم سعید را به نزد پزشک برد و او هم نسخه
جدیدی نوشت و دوباره مثل روزها و ماههای قبل منگی و آرامی
سعید شروع شد .دیگر در کوچه به کسی اهمیت نمی داد و برایش
فرقی نمی کرد از کنار چه کسی رد می شود بارها الهه را دیده بود
ولی اورا نشناخت و احساسی به او نداشت ، الهه هم فکر می کرد
که مادرش او را به سر عقل آورده است که دیگر مزاحم او نشود.

سال سوم دبیرستان را سعید نتوانست ادامه بدهد و به علت
مشکلات روحی وروانی از مدرسه بیرون آمد.اکثرروزها سرکوچه
می نشست و تنها به دور دست خیره می شد و یا گاهی دوستانش
به کنارش می آمدند و سر به سرش می گذاشتن و می خندیدند
یک مدتی هم به همراه رستم به سرکار می رفت .رستم او را به
همراه می برد تا او را از این حالت بیرون بیاورد ولی فایده ایی
نداشت، تاثیر قرصها برویش آنقدر زیاد بود که تمام اراده و
عقلش را گرفته بود هر چه می شنید باور می کرد و هر چه می
گفتند گوش می داد.

یکی از آشنایان به پدرش سفارش کرده بود قرصهای سعید
را کمتر کنند بیچاره به کلی و بیحرکت شده است .هیچ اراده ایی
نداشت ، مادرش فکر می کرد هر چه او آرامتر باشد به نفع آنها
است ، باورش شده بود بعد از آن حادثه او دچار مشکل مغزی

شده است و بدون کمک قرص ممکن است دیوانه شودو این توهمات هر روز به مرور بر مشکلات سعید می افزود.

بعد از سفارش بستگان آنها کمی از قرصهای روزانه سعید را کم کردند و این هم موجب آن شد که سعید بتواند کمی اطراف را بیشتر درک کند و بعضی از احساسها را دوباره به یاد آورد و خبر آمدن خواستگار برای الهه مثل پتکی به سرش خورد باور نمی کرد که الهه داشت ازدواج می کرد . برایش غیر ممکن بود چگونه این اتفاق رخ داده بود ، مثل دیوانه ها به دم در خانه آقای تهامی رفت و این بار با صدای بلند داد می کشید من الهه را می خوام ، من عاشق اونم چرا دارید به کس دیگری می دهید .پدر الهه شتابان دم در آمد وقتی سعید را هنگام داد و بیداد کردن دید سیلی محکمی به صورتش نواخت و گفت : برو گمشو دیوانه ، باز پدر و مادرت رهایت کردند آمدی مزاحم مردم شدی ؟

بغض گلویش ترکید ، سعید تنها کلمه ایی گفت : من الهه را دوست دارم .بعد هم های و های گریه کرد و اشک ریخت ، این بار آقای تهامی زودتر از او به در خانه آنها آمد و پدرش رستم را صدا کرد از قرار رستم سر کار بود و شیرین به دم در آمد و با سلام و احوالپرسی با آقای تهامی تقاضا کرد وارد حیاط خانه

شوند و باهم گفتگو کنند ،آقای تهامی با توپ پر آمده بود و از شدت اعصبانیت یک ریز به سعیدبد و بیراه می گفت .شیرین هم نمی خواست اینکار آقای تهامی باعث جلب توجه همسایه ها شود برای همین خواهش کرد تا کمی آرامتر باشد با شرمندگی سرش را پائین انداخته بود و می گفت شما به بزرگی خود ببخشید ، عقل ندارد، نمی فهمد چه می گوید ، ساده است حالیش نمی شه چی داره میگه ،

آقای تهامی :این چندمین باره داره مزاحم خانواده ام میشه ، عقل نداره نمی فهمه چیه خانم ، این پسر شارلاتانه خوبم می فهمه میاد دم در خونه مردم آبروریزی می کنه.

شیرین : نه آقای تهامی ، از سادگیشه فکر میکنه کسی را دوست داشت باید بره داد و بیداد کنه

آقای تهامی: خانم به آقا رستم بگوید که آقا پسرش چه دست گلی به آب داده ، فردا دلخوری پیش نیاد اگر بازم این اتفاق تکرار بشه من ازش شاکی میشم گفته باشم ، پسر خل و چل و دیوانشو یجوری جمع کنه که هر چی از دهنش در اومد به مردم نگه .شیرین با شرمندگی چشمی گفت و آقای تهامی هم خداحافظی کرد و رفت.

سعید در کناری ایستاده بود داشت دعوا و مرافه اکبر آقا را می
دید و می شنید فکرش را کرده بود نباید به دم در خانه آنها می
رفت و آنگونه الهه را صدا می کرد و آن حرفها را به پدرش می
گفت ، می دانست پدرش حتماً از این کارش اعصبانی می شود و
بازهم شاید او را در جایی بستری کنند.

در کوچه اکثر همسایه ها فهمیده بودند سعید به دم خانه ی
آقای تهامی رفته و آن گونه با داد وقال دوست داشتن الهه را
باز گو کرده بود و از قبل هم مادر الهه پیش چند همسایه از رفتار
سعید گلایه کرده بود و گفته بود همه را برق می گیره ما رو
چراغ نفتی ، پسره دیوانه از دختر من خوشش اومده حالا جار زدن
نداره با آبروی دختر مردم بازی می کنه، مردم پیش خودشون
چی فکر می کنن یه دیوانه عاشق دختر عاقل و خانمم شده
همینمون کم بود.

غروب رستم از سرکار به خونه برگشته بود ولی شیرین چیزی
راجع به اتفاقات بعداز ظهر به او نگفت می دانست رستم خسته
است و باید سر وقتش راجع به کار سعید با او حرف بزند .بعد از
شام که چای برایش گذاشت و رستم مشغول دیدن تلویزیون
بودسر صحبت را باز کرد و با گفتن موضوع : رستم به نظرم
بهتره سعید را ببریم یه جایی بستری کنیم ، بچه ام عقلش زیاد

کار نمیکنه شاید بشه با دوا و دکتر حالش را بهتر کرد .رستم : چی شده مگه، دوباره خطایی ازش سر زده ، چیزی گفته یا دردسر درست کرده ، بگو چیکار کرده؟

شیرین : راستش امروز رفته دم خونه آقای تهامی اینها شروع کرده به داد و بیداد که من الهه را می خوام اون زن منه من دوستش دارم خلاصه هزار حرف دیگه و کلی هم به آقای تهامی و سیما خانم توهین کرده ، بعد اونم آقای تهامی اومد اینجا و جریان را با ناراحتی تعریف کرد ، گفته به تو برسونم که پسرت را کنترل کنی که اگه بازم بیاد آبروریزی کنه میره شکایت می کنه دیگه تحمل این آبروریزی را نداره ، گله نداشته باشیم که چرا رفت شکایت کرد.

رستم : خدا بگم چیکارت نکنه بچه ، آخه تو کجا اون دختره کجا ، آخه لقمه اندازه دهنت باید برداری تا خفه نشی .چند بار به تو گفتم زن یک بار برو به مادر دختره بگو این پسر عاشق و دیونه این دختر شده ، شاید به این دختر می رسید حالش بهتر می شد چند ساله که این ماجرا و کش دادیم و کاری براش نکردیم.

شیرین : من که رفتم با مادرشم صحبت کردم ، سیما خانم به مسخره جواب داد گفته تو جای من بودی حاضر بودی دختر مثل دسته گلت را به یه خل و چل بدی ، نه حرفی ، نه کاری ، نه

عقل درست و حسابی خلاصه حسابی منو چزوند و بعد هم گفت بهتره شیرین خانم بری یکی مثل خودش را براش پیدا کنی ، لطف کن پیش کسی نگو واسه پسرت سعید بامن حرف زدی . منم چیکار میکردم ، دخترشه دوست نداره به پسر من شوهر بده تازه حقم داره بنده خدا پسرمون از وقتی تصادف کرده مغزش درست و حسابی کار نمی کنه.

رستم : بازم که تو داری این حرفها رو می زنی چند بار گفتم نگو این پسر مغزش ایراد داره آخه پدر آمرزیده کجای این پسر معیوبه که عقلش معیوب باشه ، بیچاره اون همه درد و مشکلات را پشت سر گذاشته .هر کس جای اون بود ده تا کفن پوسونده بود ، تازه مگه دوست داشتن یکی نشانه دیونگی اونه ، چیکار کنه اینم یه کله از دختر اینها خوشش اومده .اولش که به خودت گفت تو نرفتی کاری براش نکردی ، حالا هم که دیونه دختره شده چیکار باید می کرد عقلش همین قدر رسیده رفته داد و بیداد کرده حالاشم خون که نریخته ، چهار تا حرفم بارشون کرده که حق اوناست که هی بهش نگن خل و دیونه ، از آدمی که دیونست انتظار نمیشه داشت هر چی گفتند برداشت کردند.

رستم بارها سعید را نصیحت کرده بود که مبادا تو کوچه بی ادبی کنه و حرکت ناشایستی ازش سر بزند باعث خجالت اونها بشه .

سعید پسر ساده ایی بود از روی سادگی همیشه حرفهای دلش را برای پدرش می گفت .رستم از حد و علاقه سعید به الهه خبر داشت و می دونست آقای تهامی و خانواده اش نظر مساعدی به او ندارند و حاضر نمیشوند که الهه با او ازدواج کند اونها همیشه حرف از خواستگار دکتر و مهندس برای دخترشون می زنند، سعید در حد این حرفها نبود ، دوست داشتن و عشق خالی بدرد زندگی نمی خورد .رستم وضعیت روحی پسرش را درک می کرد ولی چاره ایی جز کنترل او نداشت به اتاق سعید رفت کنار تختش نشست سعید هم با نگرانی سلامی کرد و گفت : بابا بخدا قصد ناراحتی شما را نداشتم فقط شنیدم که الهه را می خوان شوهر بدن نتونستم خودمو کنترل کنم رفتم تابا الهه حرف بزنم بگم من اونو دوست دارم و او باید زن من بشه ، رستم نگاهی به صورت سعید انداخت و دستی به سرش کشید و گفت : پسرم مگه نگفته بودم باعث ناراحتی و مزاحمت اونها نشی ، چقدر گفتم اگه بخوان الهه را به تو بدن خودشون خبر می دن تو نباید اونجا بری تازه رفتی کلی داد و هوار راه انداختی ، هر چی بد و بیراه بود به اکبر آقا و زنش گفتی با این کارها اونها راجع بهت چی فکر می کنند قبلاً خل و چل صدات می کردند حالا دیونه هم بهش اضافه شد از این به بعد دیگه حق نداری اسم این دختره رو تو این خونه بیاری ، فکرشم از سرت بیرون کن ، اون داره ازدواج می کنه .خانواده

اونها آبرو دارن نبینم بازم آبروریزی کنی اون وقت بازم مجبور میشم بستریت کنم ، خودت ضرر می کنی ، چقدر مادرت و ناراحت می کنی ، آخه این بنده خدا هم ناراحت می شه غصه تو می خوره .تو کوچه هم نشین ، از این به بعد هم به خانواده آقای تهامی توجه هم نمی کنی حتی نگاهشونم نکن ، باشه سعید ؟

سعید داشت گریه میکرد سرش را بلند کرد و با گریه گفت چشم بابا دیگه دم خونشون نمیرم دیگه اونا رو دوست ندارم ، تازه اکبر آقا چکم زده دیگه دوسش ندارم

رستم : اشکالی نداره پسرم، ناراحت بود از قصد اینکارو نکرده خودش گفت .رستم نمیخواست سعید کینه کنه و دست به کار احمقانه ایی بزنه و از اتاقش بیرون رفت .به شیرین گفت : این پسر باید بره دکتر این مسئله زیاد داره تو مخش می ره باید کاری برای فکرش کرد تا حالش بهتر بشه .صبح رستم سعید را همراهش به محل کارش برد بین کارگران کاری را به او سپرد و گفت از این به بعد تو سرکارگر این کارگرها هستی و وظیفه ات معلومه و مشغول به کار شدند .

آن روز را سعید سر گرم کار و سر کله زدن با کارگران کارگاه بود تا عصر که به خانه آمد و با پدر و مادرش مشغول غذا خوردن شد .بعد هم به اتاقش رفت و ضبط صوت را روشن کرد

و مشغول گوش دادن به موزیک شد ، با تمام قولهایی که داده بود نمی توانست به الهه فکر نکند با خودش کلنجار می رفت تا الهه را از ذهنش بیرون کند دراز کشید کمی هم صدای موزیک را زیاد کرد تا شاید بتواند از فکر کردن به الهه بیرون بیاید تا نیمه های شب خودش را سرگرم کرد تا مادرش برای شام صدایش کرد و بعد هم دو سه تا قرص خورد و به اتاقش برگشت، به یاد دوستانش افتاد که آنها گفته بودند شبها و در تعطیلات به کنار دریا می روند و تا نیمه های شب کنار دریا هستند باهم حرف می زنند و یا باهم شنا می کنند ، اگر او دوست دارد یک شب بیاید ، آدرسش را می دانست بارها در ذهنش به این فکر افتاده بود ولی حوصله رفتن نداشت .سعید لباسش را عوض کرد و از اتاقش بیرون آمد.

شیرین پرسید : پسرم این وقت شب کجا می ری ؟

سعید : جای خاصی نمیرم، دوستام علی و حسین شب کنار ساحل می نشینند میرم پیششون، اگر نبودند زود بر می گردم ، اگرنه کنارشان می نشینم مواظب خودم هستم، بعد هم از خانه بیرون آمد و به سمت ساحل دریا به راه افتاد .در نزدیکیهای دریا سایه دو نفر دقیقاً در همانجایی که دوستانش گفته بودند دیده می شد ، کنار ساحل کمی تاریک بود سعید اسم دوستانش را صدا کرد و

۴۴

آن دو جوابش را دادند ، آره سعید ما هستیم بیا اینجا به به چه عجب خلاصه از خانه زدی بیرون یاد ما کردی .آن دو به گرمی به او خوشامد گفتند و دست هم را فشردند و سعید در کنار آنها نشست

حسین: چی شد سعید بیرون اومدی؟

علی : دو هفته ای از شروع تابستون می گذره گفتیم تو اصلاً شاید نیایی ولی کار خوبی کردی اومدی ، از تنهایی در میایی و هم اینکه باهم خوش می گذره .چه خبر سعید بازم که تو دمقی ،حالت گرفته، چی شد باکسی جر و بحث کردی که ناراحتی

حسین : نه بابا علی این چه حرفیه ، سعید و دعوا این بیچاره آزارش به مورچه هم نمیرسه چه برسه به جر و بحث کردن با کسی

سعید : راستش حالم گرفته ، الهه داره ازدواج میکنه ، رفتم خونشون داد و بیداد کردم ، کارو خرابتر کردم بعد هم کلی سرزنش شدم .

حسین. بابا تو چقدر ساده ایی هنوز بی خیال اون دختره نشدی ، من بهت گفتم اون بدردت نمیخوره .تازه خیلی وقت بود با اون پسره جعلق دوست شده بود ، اون عوضی چطوری مخ این دختره

رو زده خدا می دونه ، تازه هم داره با اون عروسی میکنه، پسره از خداشه .دختربه این خوبی رفته زن کی داره میشه خودش رو دو دستی داره بد بخت میکنه.

علی رو به حسین گفت : ناسلامتی سعید اومد اینجا تا آروم بشه حالا تو هی ته دلش رو خالی کن ، من خیلی وقت پیش به سعید گفتم باید با خانواده اش صحبت کنه تا برن براش خواستگاری یا یه طوری خودش علاقه و عشقش را به این دختره نشون بده اونقد دس دس کرد که مرغ از قفس پرید ، چقدر به این سعید گفتم تنها با نگاه کردن نمی تونه دلش را به دست بیاره چقدر گفتم اون این چیزها حالیش نمیشه ، که بفهمه تو چقدر دوستش داری ، تازه دختره بی خبر از همه جا از کجا بدونه منظور از نگاه کردن و خیره شدن یعنی دوست داشتن و عشق و علاقه .لابد اون فکر کرده سعید داره چشم چرونی می کنه اونم بیخیالش بود .سعید که بغض گلویش تازه باز شده بود اشک از چشمهایش جاری شد و گفت : به خدا من فقط دوستش داشتم ، من که بلد نبودم چجوری بهش می گفتم عاشقتم.آخه هر وقت خواستم چیزی بهش بگم یا کسی اومد یا نتونستم من حرف زدن بلد نبودم، چند بار به علی گفتم تو بیا بجام با اون صحبت کن بگو که سعید خیلی دوستت داره

علی : ای بابا هروقت می خواستم برم چیزی بگم خودت می
گفتی نه حالا نمی خواد بعداً خودم یه کاری می کنم حالا ما
بدهکارت شدیم.بابا تو اینقدر قرص میخوری که مثل آدم ماشینی
شدی به سختی تکونی به خودت می یدی ، چقدر به تو گفتم بی
خیال قرص و دکتر شو یا دیونه میشی یا خوب می شی ،
خلاصه از این وضعیت که بهتره نمی دونی چه کاره ایی .هم
خانواده ات تو رو دیونه می دونن هم دیگران .حالا خوبه ما تو رو
می شناسیم وگرنه ما هم باید طور دیگه ایی با تو بودیم.

حسین : علی راست میگه سعید ، بیا یک دفعه خودت را از شر
قرص و دارو خلاص کن به خدا داری دیونه میشی خیلی وقته از
تصادفت گذشته هفت هشت سالی شده دیگه بسه لازم نیست
اینقدر حرف ننه باباتو گوش بدی ، حالا دیگه بزرگ شدی یخورده
خودت باش نزار اونا برات تصمیم بگیرند یا لاعقل حرف ما را
بشنو دست از خوردن قرص و این چیزهای شیمیایی و زهر ماری
بردار یا خوب می شی سالم و سرحال یا می فهمی مشکل داری
و میبرنت دیونه خونه ، خیالتم راحت می شه ، هی چند ماه مثل
دیونه ها منگ و بی حواسی آدمها رو نمی شناسی نه زمانی که
مثل حالا عاشقی ، بازم تو باید برای خلاصی از مشکلت باید
خودت برای خودت کاری بکنی ، من جای تو بودم دست دختره

رو می گرفتم و فرار می کردم تا فقط مال خودم باشه ، هر چی میخاد پیش بیاد

علی : پسر داری کار دستش می دی، شوخی میکنه سعید تا زمانی که دختره تو رو نخواد تو نمی تونی با اون فرار کنی یا چنین کار احمقانه ایی انجام بدید ، بهتره صبر کنی تا خودش بفهمه من مطمنم هر چیزی را که آدم بخواهد روزی به دستش میاره ، این تازه یه عشقه خلاصه یه روز دوباره بر میگرده اونوقت باز مال توئه

حسین : دمت گرم ، رفته شوهر کرده برگرده به چه درد این می خوره

سعید : من که نمی تونم بی خیالش بشم همش دوستش دارم ، هر وقت باشه من عاشقش می مونم ، از پدر و مادرش بدم میاد اونها فکر میکنن من خل و چلم نمی تونم الهه را خوشبخت کنم، من کلی سرمایه دارم پدرم بهم خونه داده ، پول داده می تونم با اون زندگیشو تامین کنم

حسین : حیف ، خدا به تو داده ولی عقل و ازت گرفته .عقل داشتی شاید کاری می کردی.

علی : دمت گرم سعید چشه بیچاره ، تو هم جاش بودی اون همه بلا سرت می اومد حالا می تونستی اینجا بشینی مثل بلبل چرب زبونی کنی ، تیکه بارش کنی .هی پسر سعید غصه اش رو نخور هر چی قسمت تو باشه به تو می رسه ، حالا حالشو دارید بریم شنا کنیم ؟

حسین : زود باشین من دیگه آمادم .حسین لباسش و سریع در آورد و به سمت دریا دوید .علی هم آماده رفتن به داخل دریا شد .

سعید : من نمیام سردمه .

علی: بیا خودتو لوس نکن بازم داری برای ما بچه بازی در میاری ، پسر بزرگ شو ، پاشو بریم شنا کنیم حالت خوب میشه غصه شو نخور .به هر نحوی که بود سعید هم لباس در آورد و سه تایی پریدن تو آب بعد هم شروع کردند زیر نور ماه و ستاره ها تو آب دریا شناکردند ، کلی سر و کول هم پریدند و خندیدن حدودای دو نیم شب بودکه سعید به خانه بر گشت به آرامی در را باز کرد و به اتاقش رفت دراز کشید و خوابش برد ، هیچ وقت خوابی به این راحتی و خوبی نداشت .صبح با صدای پدرش بلند شد تا صبحانه بخوره و با هم به سر کار بروند.

روزها به همین منوال پیش می رفت سعید مشغول کار شده بود .کمتر وقت می کرد تو کوچه بنشیند تا الهه را ببیند و بعد از عقد و شیرینی خورون الهه سعی می کرد فکرش را از سرش بیرون کند.بعضی از شبها با دوستانش می نشستند و آنها هم با کارشون سعید را سر گرم می کردند ، گاهی هم سه تایی می رفتند جنگل لاویج یا چشمه آب پری خلاصه کبابی و بزن و به کوبی برای خودشون به راه می انداختند و سرگرم می شدند و سعید کمتر دلش هوای الهه را می کرد وکمتر به یادش می افتاد و دوستانش هم از اینکه سعید کمی سر حالتر و شاداب تر شده بود خوشحال بودند .با اصرار الهه پدر و مادرش راضی شدند که به تحقیق درباره حنیف خواستگار الهه بروند .بعد ار تحقیق آقای تهامی از همسایگان اطراف خانه حنیف به این نتیجه رسید که حنیف پسری پر شر و شور و درد سر ساز بوده و اصلاً بدرد زندگی نمیخورد ولی عشق و علاقه چشمهای الهه را کور کرده بود .بارها به پدر و مادرش گفت اگر مرا به حنیف ندهید من با او فرار می کنم آنوقت بیشتر آبرویتان می رود من جز او با کسی دیگر زندگی نمی کنم .سیما مادرش به او می گفت این پسره سعید با اینکه عقل درست و حسابی نداره از اون بهتره لاعقل صاحب خونه و آینده ، این پسره حنیف هم بیکاره هم بی عار .تازه میگن تو خلاف و سیگار و از این چیزهاست ، دختر بدبخت میشی بیا از

خر شیطون پیاده شو ، تا زیاده برای تو شوهر خوب و لایق حالا
چرا باید دستی دستی خودتو بدبخت کنی ، من که راضی نمیشم
تو را به اون بدم

الهه : من که به شما گفتم اگر منو به حنیف ندین یا فرار می
کنم یا خودم و می کشم حالا خودتون می دونید .سیما و
شوهرش اکبر مونده بودند چیکار کن ، دختر مثل دسته گلشان را
باید به یک پسر لااوبالی می دادند که جز قیافه و پز خالی
هیچی نداشت که بتونه دخترشان را خوش بخت کنه .اکبر سر لج
با الهه گرفت که شاید بتونه اونو از تصمیمش منصرف کنه و چند
بار جواب منفی به خانواده طالب لو داد که اونها بی خیال
دخترشان بشوند و پی کار خودشان بروند .اما حنیف هر بار با
چرب زبانی الهه را کوک می کرد و ته دلش را خالی می کرد که
اگر با من ازدواج نکنی من خودمو می کشم و من غیر از تو با
کسی زندگی نمی کنم، اگر زن من بشی من خوشبخت ترین مرد
دنیا می شوم، برات فلان کار می کنم باهم تلاش می کنیم
زندگی را درست کنیم .الهه هم اولین عشقش بود و اولین بار که
عاشق شده بود و دلش نمی آمد یه تار مو از سر حنیف کم بشود و
با تمام وجود عاشق حنیف بود فکر می کرد این پسر یک فرشته
است که می تونه اونو خوشبخت کنه.

تابستون گذشته که حنیف بهش پیله کرده بود تا با اون دوست بشه اول مردد بود ولی وقتی دوستانش چندباری اون و بخاطر سعید سرزنش و مسخره کرده بودند ، می خواست با پسری دوست باشه که هم خوش تیپ باشه و هم چرب زبون که پیش دوستاش کم نیاره برای همین پیشنهاد حنیف را قبول کرده بود و هر زمانم با هم بیرون می رفتند تا دور بزنند این الهه بود که تمام هزینه ها را پرداخت می کرد ، پول بلیط سینما ، خریدن خوراکی حتی کرایه ماشین هر بار حنیف یک بهانه می آورد که پول همراهش نیست، الهه هم چون پدرش پول تو جیبی خوبی به اون می داد برایش مهم نبود فقط می خواست حنیف همراهش باشد .حنیف کمی قد بلندتر از سعید بود بعد هم لباسهای شیک و پرجاذبه ای می پوشید ،موهایش را آرایش می کرد ولی سعید ساده و بی آلایش بود لباسهای معمولی می پوشید چون خوش هیکل بود لباسهای معمولی به تن می کرد .زیاد به فکر سشوار و آرایش مو نبود چشم و دلش تنها الهه بود با تمام وجود او را دوست داشت برایش فقط و فقط الهه مهم بود .بر عکس حنیفه که با چرب زبانی همزمان چندتای دوست دختر داشت ولی چون الهه از همه خوشگلتر و زیباتر بود علاقه اش به او بیشتر از بقیه بود حتی زمانی که به خواستگاری الهه رفته بود با دخترهای دیگر هم رابطه داشت و دست از فریب و سواستفاده بر نداشته بود الهه هم فکر

۵۲

می کرد که حنیف تنها عاشق و کشته مرده اوست و غیر از او کسی در زندگیش نیست و به عشقش متعهد است .الهه پیش دانشگاهی قبول شده بود می خواست به دانشگاه برود، تا قبل از آشنایی با حنیفه درسش عالی بود همیشه در فکر این بود که یک پزشک بشه از بچگیش عاشق پزشکی بود .اکبر از کار دخترش سر در نمی آورد دختر به آن خوبی و با تربیتی و عاقلی یک دفعه از این رو به آن رو شده بود تا حالا از گل کمتر به اون نگفته بودند، حالا می دیدن الهه پرخاشگر و ناراحت بود ، بیخودی غر می زد ، به کسی احترام نمی گذاشت ، حرفهای بی ربط و بی ادبانه می زد .نمی دونستند با رفتارش چکار کنن، مادرش به او گفت : فردا بری پشیمون برگردی اون وقت من چه خاکی سرم کنم ، بگم دو دستی آینده دخترم را خراب کردم دیگه یه ذره آبرو هم پیش در و همسایه دارم می ره الهه از حرفش بر نمی گشت .به مادرش گفت : اگه این هفته اجازه دادین من با حنیف نامزد بشم چه بهتر وگرنه دیگه منو اینجا نمی بینین، خود دانید ، رفت تو اتاقش در هم پشت سرش محکم بست ، سیما خانم مانده بود چه خاکی به سرش کند ، چقدر دلش به حال خودش می سوخت ، کلی پیش مادر سعید دخترش را بزرگ کرده بود که اون دکتره پسر شما یه خل و چله، حالا دختر عزیزکردش داره خودش ،خودشو بدبخت میکنه .چطوری می خواست پیش همسایه

ها سرش و بالا بگیره ، می دونست همسایه ها تا بفهمند که پسره چیکاره است سرزنشش میشن و از این همه حماقت اونها شاخ در می آرن که دختر ناز پروردشونو دادن به یه خلافکار بی اصل ونسب ، اونم کسی که اکثر مردم از شر و شور بودنش خبر دارند .

صبح الهه با حنیف تلفنی صحب کرد و بهش اطلاع داد می خواد برای راضی کردن پدر و مادرش چند روزی از خونه جیم بزنه نظرش چیه ؟

حنیف فرصت طلب هم بی معطلی گفت بیا بیرون من با تو میام. خونه یکی از آشناهام خالیه یه چند روزی اونجا هستیم بعد هم دو تایی میریم محضری عقد می کنیم چند وقتی هم جیم می زنیم یه شهر دیگه زندگی می کنیم.تا آبها از آسیاب بیفته.برای همه عادی بشه.

الهه تصمیمش را گرفت یه کیف برداشت و چندتا لباس و حوله و خرد و ریزش و مقداری پول گرفت ، از خونه اومد بیرون .حنیف هم طبق قرار آژانس گرفته بود سر کوچه منتظرش ایستاده بود ، بی معطلی الهه سوار ماشین شد و با حنیف به سمت خانه دوستش به راه افتادند ، الهه برای اولین بار چنین تصمیم دشوار و پرچالشی را برای زندگیش می گرفت ، با تمام وجودش حنیف را می

خواست و برایش مهم نبود دیگران و خانواده اش چه راجع به او صحبت خواهند کرد.

دیر وقت شده بود ، پدر و مادر الهه از تمام دوست و آشنایان سراغ الهه را گرفتند ، به خانه کسی نرفته بود حتی دختر خاله اش خبری از او نداشت کم کم نگرانی و دلواپسی آنها را کلافه کرده بود .مادرش در ایوان روی پله نشسته بود و به سر و رویش چنگ می انداخت و خودش را ملامت می کرد ، این چه شور بختی بود که به سراغش آمده بود.

نمی دانست به کجا باید برود ، از چه کسی سراغ الهه را بگیرد، از آبروریزی می ترسید ، نمی دانست دخترش تنها بدون اطلاع کجا رفته بود ، چه بلایی به سرش آمد حتی فکرش سیما را می ترساند .از بس پای تلفن سراغش را از دوستان و آشنایان و فامیل گرفته بود اکثراً نگران شده بودند.

خواهرش افسانه هم خبری از او نداشت از زمانی که الهه راجع به حنیف با او صحبت کرده بود و اواز الهه خواسته بود که این رابطه را تمام کند .افسانه راجع به حنیف از شوهرش پرسیده بود ، شوهرش کامران به او گفته بود که این پسر هم خلاف کار هست و هم دنبال دخترهای مردم و سرشان را کلاه می گذارد و آنها را تیغ می زند و بعد از مدتی از آنها جدا می شود ، افسانه تمام

حرفهای کامران را به خواهرش گفته بود ولی الهه در جواب گفت : تو هم حسودیت شده حالا که من دوست پسر خوش قیافه و با کلاس پیدا کردم داری منو ناامید می کنی ، تازه به کسی چه مربوطه حنیف می خواد خوب باشه یا بد مهم اینه که من دوستش دارم و اونم عاشق من شده .افسانه درجواب الهه گفت تو عقلتو از دست دادی حالا این پسر چه تحفه ایه که من بخوام حسودی خواهر نازنینم و بکنم ، من از عاقبت این رفاقت می ترسم.

اولین شب هم گذشت الهه و حنیف در ویلای آشنای حنیف کلی باهم خوش گذروندن الهه دیگه براش هیچی مهم نبود آب از سرش گذشته بود حنیف هم با چرب زبونی و دوستت دارم و فداتم ، پاک عقلشو دزدیده بود ، با وعده و وعید های الکی که مهم نیست و نمی گذارم اتفاقی پیش بیاد ، چه کسی می تونه مانع ازدواج ما بشه ، تمام پلهای برگشت الهه را خراب کرد،صبح زندگی الهه به مسیری بی باز گشت گره خورده بود حالا حنیف شده بود تصمیم گیرنده دیگه الهه هاج و واج مونده بود که حنیف چه کاری برایش میکنه .حنیف گفت : تو اینجا باش من برم سراغ دوستان وخونه ،بعد هم وسیله برای صبحانه و ناهار بگیرم و یه سر گوش آب بدم ببینم چه خبره زودبر می گردم.

اما سعید اکثرروزها را به همراه پدرش به سرکار می رفت و کمتر راجع به الهه حرف می زد یا با کسی درد و دل می کرد ، پدرش رستم از این که می دید سعید هنگام کار حال و روزش بهتر از بیکار نشستن در خانه است تصمیم گرفت او را همیشه به همراهش سر کار بیاورد و هم می توانست مانع آن شود که شیرین با وسواسی که نسبت به سعید و مغزش پیداکرده موجب آزارش نشود .حق داشت شیرین فکر میکرد سعید باید قرص اعصاب را هر روز بخورد و اگر نخورد ممکن است بمیرد یا دیوانه شود خلاصه به هر طریق برایش آن قرصها را می گرفت و اگر هم سعید راضی به مصرف نمی شد آنها را در غذایش میگذاشت و به خوردش می داد تا جلوی اتفاق ناگوار را برای سعید بگیردبه همین سبب سعید هر وقت در خانه غذایی می خورد دچار سستی و منگی می شد و توان حرکتی و ذهنییش کند می شد و حال و حوصله جنب و جوش بیرون رفتن را نداشت و اکثر اوقات دراز می کشید .مادرش هم از دیدن او در خانه خوشحال و شاد بود که می دید توانسته سعید را کنترل کند و نگذارد دچار مشکل و دردسر شود.

ولی هرگاه رستم حال و روز سعید را آن گونه می دید به شیرین می گفت : تو آخر این بچه را می کشی ، زن آخه کی به زور به

بچه اش دارو می ده ؟ چرا اینکارو می کنی ، بدبخت حالش خوبه والله بالله سرکار مثل همه آدمهای دیگه کار و فعالیت داره ، نکن این کارو، خدا رو خوش نمیاد بزار اونم مثل همه آدمها ،عادی باشه ، چه اشکالی داره اونم گاهی اعصبانی و عاشق یا پر جنب و جوش باشه.

شیرین : تو چه می دونی مگه دکترش براش تجویز نکرده اگه نخوره ممکنه از دست بره یا دیونه بشه

رستم : اون برای سالهای قبل بود، اون زمانها که تازه به هوش اومده بود حالا ده یازده سال از اون موقع گذشته دیگه لازم نیست این کارو بکنی ، بسته بزار این پسریکم سر حال باشه ، اینقدر مثل معتادها منگ و بی حرکتش نکن ، من از کارات خسته شدم بابا تو یه آدم سالم و دیونه کردی .رستم هر چی گله می کرد هر چه غر می زد برای شیرین فرقی نداشت اون همش فکر می کرد باید این قرصها رو به خورد سعید بدهد تا او سالم و خوب باشه و هم دوست نداشت سعید یک لحظه از جلوی چشم اون یا رستم دور باشه تا خدای نکرده اتفاق بدی برایش پیش بیاد.

چند وقتی بود که رستم در حال گرفتن معافیت پزشکی برای سعید بود و اکثر کارهای مقدماتی پایان خدمت سعید را برایش

انجام داده بود ، تمام پرونده های پزشکی و عکس های رادیولوژی سعید حاکی از مشکلات جسمی و شکستگی استخوانهای بدنش معلوم و مشهود بودو این امر برای معافیت او کافی بود .تابستان فصل خوبی برای آنها بود بیشتر فامیل که در شهرستان های دیگر زندگی می کردند به شمال و به خانه آنها می آمدند در این زمانها شیرین کمتر می توانست در غذای سعید قرص و آرامبخش بریزد به همین دلیل حال و روز سعید بهتر و روحیه اش قوی ترمی شد و هم می توانست بیشتر با دوستانش بیرون برود و فعالیتهای جسمی بیشتری داشته باشد.

گه گداری به دیدن علی می رفت و با او درد و دل می کرد ، به نظر سعید علی بیشتر به حرفهای او گوش می داد و هم راحت تر می توانست راجع به الهه با او صحبت کند .خبر نامزدی الهه و حنیف باعث خشم سعید شده بود و پدر و مادرش سعی می کردند بیشتر هوای سعید را داشته باشند تا کار اشتباه دیگری از او سر نزند.

چند ساعتی از رفتن حنیف گذشته بود الهه دلواپس و نگران سر جایش بند نمیشد می ترسید با خانه تماس بگیرد ،و هم دیگر روی دیدن پدر و مادرش را نداشت. چه می توانست به آنها بگوید چگونه می توانست از سرزنش و برخورد شدید آنها

خود را حفظ کند ، یک شب را بیرون از خانه با مرد غریبه گذرانده بود ، درست که او را دوست داشت ولی شرعاً باهم غریبه بودند ، پی به حرفهای خواهرش برده بود ، حنیف مرد قابل اعتمادی نبود ، الهه تازه داشت می فهمیده که حنیف از او سوء استفاده کرده است و حالا مانده بود که چکار کند، نزدیکیهای ظهر حنیف بازگشت، بعد هم الهه به او سلام کرد و پرسید : چه خبر شده ؟

حنیف هم با فحش و ناسزا به پدر الهه سر صحبت را باز کرد گفت که پدرت آمده خانه ما بعد هم هر چه دهنش بود به من ناسزا گفته و تهدیدم کرده که از من شکایت می کنه ، من هم به احترام تو کاریش نداشتم ، خودم را کنترل کردم ، مردتیکه عوضی فکر کرده کیه ، دختر خودتو نتونستی نگهداری به من چه .

الهه : حنیف چقدر تو پررو هستی حالا اونا نتونستند منو نگهدارند یا تو که به من وعده وعید می دادی بیا با هم زندگی می کنیم ، خوش بخت می شیم ، حالا پدر من سراغ منو از تو گرفت عوضیه .

حنیف با صدای بلند داد کشید : بسه تو دیگه برام غر غر نکن کم از پدرت حرف نشیندم که تو بخوای بخاطر کارهای خودت

منو سرزنش کنی ، دوست نداشتی نمی اومدی ، حالاشم دیر نشده میخوای بری برو برام قیافه حق به جانب نگیر

الهه : راست می گی به خواستت رسیدی حالا می خوام برم برم ، با چه رویی برگردم ، بگم چی ، بگم خودم خودمو بدبخت کردم برگشتم

حنیف : هر غلطی می کنی بکن ، به من چه ربطی داره ، بعد هم رفت داخل اتاق .الهه سرش را روی زانویش گذاشت و گریه می کرد .مانده بود چکارکند ، با این افتضاحی که بالا آورده بود حق با حنیف بوداو از خانه فرار کرده بود ، اون با آبرویش بازی کرده بود ،چقدر پدرو مادرش حتی خواهرش به او گفته بودند حنیف به دردش نمیخورد چقدر خواهرش راجع به حنیف و عشق کورکورانه به او تذکر داده بود ، گوشش بدهکار حرفهای آنها نبود و هزار نصحیت دیگر که دیگر فایده ایی به حالش نداشت ، می دانست خودکرده را تدبیر نیست هر چه به سرش بیاید حقش است ، خودش خواسته بود باید چاره ایی پیدا می کرد

بعد از یک ساعت نشستن و گریه کردن بلند شد و به اتاق رفت ، فکر کرد باید حنیف را متقاعد کند که زودتر به عقد او در آید پس بهتر دید راضیش کند که این کار را بکند ، کنار تخت حنیف نشست و شروع کرد به صحبت کردن : حنیف جان ، توحق داری

پدرم نباید به تو چیزی می گفت ، من از تو میخوام ببخشیش، من خودم تو رو دوست داشتم و دارم به اون چه مربوطه ؟ دلم خواست که با تو زندگی کنم ، حالاشم برام فرقی نداره که چه پیش اومده و در آینده چی پیش می یاد ، هر چی تو گفتی برام مهمه ، بعدهم کنارش دراز کشید و سرش را روی سینه حنیف گذاشت ، حنیف آرام گرفته بود دستی به داخل موهای الهه کشید و گفت تو واقعاً برات مهم نیست پدرت چه فکری راجع به من می کنه و چه می گن ؟

الهه : نه عزیزم ، من تو را دوست دارم و می خوام برای همیشه با تو باشم

حنیف لبخند پیروزمندانه ایی زد و به طرف الهه بر گشت و در همان حالتی که مویش را نوازش می کرد ، گفت : پس ما همین فردا با هم می ریم محضر .بعداز ظهر میرم ببینم می تونم کسی رو پیداکنم که با دفترخونه ازدواج آشنا باشه تا ما را با هم عقد کنه ، بعد اون پدر و مادرت تو عمل انجام شده قرار می گیرند و خودشون مارو قبول می کنند

الهه : باشه این بهترین کاره برو ، هر چه زودتر این کارو بکنیم بهتره باهم می ریم پیششون عقدنامه رو میزاریم جلوشون میگیم ما با هم عقد کردیم می خواین قبول کنید نمیخواین نکنید

حنیف : قربون تو دختر چیز فهم

الهه : راستی چیزی برای خوردن داریم من خیلی گرسنمه .از جاش بلند شد و به سمت آشپزخونه رفت ، تو یخچال چند تا تخم مرغ و نوشابه و کمی نون بود با وسایلی که بود نیم رو درست کرد و رو میز گذاشت و حنیف را صدا زد : بیا چیزی بخوریم خیلی گرسنم شده

حنیف به آشپزخانه آمد : شرمنده یادم رفت چیزی بگیرم با خودم بیارم فکر کردم چیزی اینجاباشه .بعداز ظهر رفتم بیرون یادم باشه خرید کنم .باهم نشستن و مشغول خوردن تخم مرغها شدند . الهه یک روز کامل غذا نخورده بود داشت از حال می رفت ، حنیف صبح که بیرون رفته بود طبق عادت به ساندویچی دوستش رفته بود و دلی از غذا در آورده بود و به دروغ به الهه وانمود کرده بود ناراحت حرفهای پدرش شده و یادش رفته چیزی برایش بگیرد و بیاورد ، ذاتاً پست تر از اینحرفها بود که نشان می داد ، همیشه پستی و حقارتش را پشت ظاهرش پنهان می کرد.

حنیف طبق قولی که به الهه داده بود بعداز ظهر به دنبال فراهم کردن مقدمات و پیدا کردن کسی برای به عقد در آوردن او و الهه روانه شد ، از چند نفر از دوستان خود که در گذشته ازدواج کرده بودند پرس و جو کرد و یکی از آنها کسی از دوستانش را به

نام شهرام به او معرفی کرد که در یکی از دفترخانه ها آشنایی داشت و با مبلغی می توانست آن دو را به عقد هم در آورد. حنیف به اتفاق دوستش حبیب به دیدن شهرام رفتند و حنیف کل ماجرای دوستی و علاقه اش به الهه را برایش بازگوکرد و اینکه آن دو چندروزی که الهه از خانه پدرش بیرون آمده با هم زندگی می کنند را هم برایش تعریف کرد

شهرام : پسر تو کارت خیلی حرفه اییه ، می خوای صیغه بشین یا عقد ؟

حنیف : هر کدوم راحت تره

شهرام : خب صیغه ، ولی باید دختره از قبل ازدواج کرده باشه و طلاق گرفته باشه

حنیف : نه ما اولین باره می خوایم ازدواج کنیم

شهرام : پس تو باید عقدش کنی ، یکم هزینه ات بیشتره چند تا شاهد هم باید برات جور کنم ، خلاصه همچی ردیف میشه

حنیف : میشه بگی چقدر میشه

شهرام : دو میلیون و پونصد تومن ، با هزینه شاهد

حنیف : شهرام جان کمی کمتر باور کن اینقدر ندارم

شهرام : حالا ببینم چه میشه کرد ، کی می خواهید عقد کنید ؟

حنیف : هر وقت تو گفتی ، ما حاضریم

شهرام:پس منتظر باش خبرش و تا یکی دو ساعت دیگه به حبیب می رسونم که بهت اطلاع بده

حنیف : باشه پس فعلاً ما رفتیم منتظر خبرت می مونم

چند ساعت بعد طبق قولی که شهرام داده بود با حبیب تماس گرفت و آخر شب ساعت 10 را برای عقد حنیف و الهه معین کرد و ضمن گفتن اینکه شناسنامه ها تون رو باید همراه داشته باشند به حبیب گفت پول یادش نره که بدون پول عقد نمیکنه و از حبیب خداحافظی کرد.

حبیب جریان را به حنیف گفت وحنیف شناسنامه خودش را از خانه اش برداشت و از چند تا از دوستانش مبلغ مورد نیازش و قرض گرفت و کمی وسیله برای شام خرید و به سمت ویلا نزد الهه حرکت کرد.

الهه از بعداز ظهر منتظر آمدن حنیف نشسته بود ، خدا خدا می کرد که حنیف منصرف نشده باشد یا کسی او را از این کار پشیمون نکند، بد بخت شده بود و بد بخت تر می شد اگر حنیف پشیمون می شد.

ساعت 8 شب حنیف کلید به در انداخت و وارد حیاط شد الهه روی پله نشسته بود توی تاریکی ، بلند شد و به سمت حنیف رفت و سلام کرد

حنیف : خدا خفت نکنه ترسیدم تو تاریکی چیکار می کنی

الهه : هیچی نشسته بودم منتظر آمدنت بودم

حنیف : همه چیز ردیفه ، با دوستم حبیب رفتیم یکی از آشناهاش بنام شهرام و دیدیم اونم تو دفترخونه آشنا داشت قرار عقد و برام ردیف کرد قرار شد ساعت ده با اونها بریم عقد کنیم یه مقدار هم پول می خواست جور کردم فقط مونده که تو شناسنامه داشته باشی.

الهه : دارم ، داشتم می اومدم بر داشتم

حنیف : آفرین ، می بینم فکر همه جاشو کردی

الهه : نه فقط گفتم اگه می خواهیم جایی بریم شناسنامه همراهم باشه بهتره

حنیف : پاشو بریم یه چیزی بخوریم آماده باشیم که ساعت یک ربع به 10 حبیب میاد دنبالمون که برویم پیش عاقد ، فکر کنم تو خونش ما رو عقد کنه

بعد هم الهه و حنیف با هم به سالن و آشپزخونه رفتن ، حنیف دوتا ساندویچ همبرگر و نوشابه و سس گرفته بود و روی میز گذاشت و با الهه کنار میز روی صندلی نشستند و مشغول خوردن ساندویچ شدند بعد هم به سالن رفتند الهه رفت وتا زودتر آماده بشه که دوست حنیف اومد حاضر باشند و معطل نشود.

سر ساعت حبیب آمد دم در ویلا ، صدای بوق ماشینش معلوم بود که عجله دارد .حنیف چند دقیقه میشد که آماده بود و دم ایوان منتظر آمدن الهه .حنیف الهه را صدا زد و از او خواست سریع تر بیاید .الهه آماده بود وکفش پوشید و به همراه حنیف به راه افتادن و از ویلا خارج شدند .حبیب در ماشینش نشسته بود حنیف به او سلام کرد و در صندلی جلو نشست بعد از سلام حبیب در آیینه نگاه پر معنایی به الهه انداخت و گفت : سلام الهه خانم ، شما حاضرین دیگه ، مشکلی که نیست ، شناسنامه همراهتون هست

حنیف : راه بیفت بریم داداش همه چیز حله مشکلی پیش نمیاد بعد هم حبیب حرکت کرد و سه تایی به سمت محل قرارشان با شهرام به راه افتادند.

شهرام روبروی خانه سر دفتر ایستاده بود ، حبیب رسیدن خودشان را با بوق زدن اعلام کرد و گفت : سلام شهرام خان چطوری ؟

شهرام : به موقع آمدید و نگاهی به حنیف و الهه انداخت و گفت :شما آماده یید ؟ بعد رو به حبیب گفت : تو یادت باشه اگه عاقد پرسید ،خودت و جای برادر خانم جا بزن بعد هم بگو خواهرم به همراهیم نیاز داشت برای اینکه پدر و مادرت از رابطه حنیف و خواهرت باخبر شده بودند و من برای حفظ آبرو خواستم آنها عقد هم بشوند تا پدرمان دیگر چیزی نگوید و هم آبروی خانواده حفظ شود بعد هم اگر شیخ سوالی کرد دروغی سر هم کن که خراب نشه .با هم به اتفاق شهرام و یک خانم و آقایی که خودشان را خواهر و داماد الهه جا زدند وارد خانه محضر دار شدند.

بعد از سلام و احوالپرسی حنیف شناسنامه های خودش و الهه را به دست محضر دار داد و او اسم هر دو را در دفتر ازدواج ثبت کرد و بعد از حنیف خواست زیر دفتر را امضاء بزند چند امضا از حنیف گرفت ، نوبت الهه شد محضر دار چند بار از او پرسید دخترم واقعاً راضی به این عقد هستی یا نه ؟ اگر قبول نداری می تونی امضاء نزنی.

الهه چاره ایی نداشت باید به عقد حنیف در می آمد تا آبروی رفته اش را بر می گرداند ، گفت : امضاء می زنم حاج آقا بعد هم جاهایی را که در دفتر مشخص شده بود امضاء کرد .بعد از پایان امضاء نوبت به خواندن عقدنامه و صیغه محرمیت بود.

محضر دار رو به حبیب و حنیف پرسید : مهریه عروس خانم و شرایط عقد را مشخص کرده اید ؟ تا حبیب چیزی بگوید ، حنیف با لبخند موذیانه ایی گفت : حاج آقا یک جلد قران کلام الله مجید ، یک دست آینه شمعدان و ۱۲سکه بهار آزادی به نیت 12 امام معصوم.

الهه هاج و واج داشت به حرفهای حنیف گوش می داد ، رو به حنیف کرد و گفت : لازم نبود اینقدر ولخرجی کنی می تونی 12 هزار تومن به نیت 12 امام معصوم بگی ، زیاد فرقی نداره.

حنیف : می خوای12 هزار بگم ؟ نمیخوای اشکالی نداره پاشیم بریم مجبورت نکردم میخوای بخواه نمیخوای نخواه.

الهه اشک تو چشمهاش جمع شد ، مونده بود چه رفتاری بکند ، چی بگه ؟ هر حرفی می زد به ضرر خودش بود اینقدر آبرویی که داشت هم از دست می داد ، خودش خواسته بود چاره ایی برایش جز قبولی شرایط حنیف نمانده بود تنها گفت باشه حاج آقا قبوله و بعد محضر دار خطبه عقد را جاری کرد.

الهه تمام مدت سرش را پائین انداخته بود بغض گلویش را چنگ می زد و به زحمت خودش را کنترل می کرد .بعد خواندن عقد شهرام و دو نفر از آشنایانش و حبیب دفتر را به عنوان شاهد امضاء کردند و از محضر دار خداحافظی کردند و بیرون رفتند.

محضر دار رو به حنیف گفت : پسرم مواظب خانم گلت باش قدرش را بدان سعی کن زندگی کنی .دخترم توهم مواظب خودت و زندگیت باش باهم می تونید از پس مشکلات بزرگ بر آئید ، خدا به همراهتان .حنیف با محضردار دست داد و قرار شد صبح به همراه حبیب به محضر برودو سند عقدنامه را بگیرد .هزینه عقد را از قبل هنگام ورود به شهرام داده بود و از او کمی تخفیف گرفت.

بعد از عقد الهه از آن همه تحقیر و حقارت خودش اشک می ریخت از زمانی که سوار ماشین شده بود یکسره داشت گریه می کرد .عقد خواهرش را فراموش نمیکرد چقدر با شکوه و چقدر داماد برای خواهرش احترام قائل بود ، همه جمع بودند همه شاد بودند حالا خودش را تنها در نیمه های شب با آدمهای غریب بدون هیچ عزت و احترامی حتی کسی همراهش نبود تا تبریک بگوید ، خودش خواسته بود حالا هم بدبختی شاخ و دم نداشت .چقدر مادرش از او خواهش کرده بود ، چقدر این و آن بهش گفتند که حنیف لایق احترام و عشقش نیست ، خودش را به کمترین قیمت فروخته بود به پسری حقیر ، بیکار و بی ادب و دروغگو که حتی پول توی جیبش نبود که برای ظاهر به دست عروسش حلقه ایی بگذارد به دروغ به محضر دار گفت عجله کرده است و یادش رفته

بیاورد .الهه دوست داشت زمین دهن باز می کرد و در آن فرو می
رفت از این همه حقارت و پوچی به تنگ آمده بود دوست داشت
فریاد بکشد .چند روز غیبتش باعث شده بود که مادرش از غصه
بیمار شود و بخاطر فکر وخیال الهه تشنج عصبی گرفته بود .از
صبح که افسانه او را به بیمارستان برده بود در آنجا بستری شده
بود به علت فکر و خیالات زیاد دچار سر گیجه و سردردهای شدید
عصبی بود و چند بار هم در خانه از هوش رفته بود و افسانه حال
بد او را که دید او را به بیمارستان آورد و زیر لب به خواهرش غر
می زد: الهه خدا ذلیلت نکند این چه بدبختی بود که برای خودت
درست کردی این چه کار احمقانه ایی بود که تو در پیش گرفتی
اکبر هم تصمیم گرفت اگر تا صبح نتوانست الهه را پیدا کند به
کلانتری گم شدن الهه را خبر دهد.

نیمه های شب الهه تصمیم گرفت تا جریان را با خواهرش در
میان بگذارد و تمام اتفاقات را برایش بازگو کند ، گوشیش را از
کیفش بیرون آورد بعد هم روشنش کرد .ده ها پیام داشت کلی
زنگ که از طرف خواهر و مادر و پدرش ، دخترخاله ، داماد و
هر کسی که او را می شناخت پیغامی برایش گذاشته بود .شماره
خواهرش را گرفت هنوز بوق نخورده بود که افسانه گوشی را

گرفت : الهه ، الهه، معلوم هست تو کجایی ، حالت خوبه ، همه نگرانتیم .

الهه با بغض و صدای شکسته به افسانه سلام کرد ، گفت : سلام افسانه جون ، من ، من به حرف شما گوش نکردم ، خودم ، خودم را بدبخت کردم دیگه روی صحبت کردن با شما رو ندارم، ای کاش می مردم

افسانه : خدا نکنه ، هر چی شد اشکالی نداره حالا هم دیر نشده بر گرد خونه ، کسی چیزی به تو نمی گه به خدا مامان و بابا می بخشنت ولی برگرد ، تا اتفاقی نیفتاده برگرد .الهه زد زیر گریه : نه افسانه من دیگه دختر نیستم با حنیف عقد کردم مجبور بودم چاره ایی نداشتم باید این کارو می کردم تو چاهی که خودم کندم افتادم حالا هم غرق شدم ، مونده یک تیکه تخته پاره که خودم و باهاش نگه داشتم می خوام خودمو راحت کنم زنگ زدم بهت بگم خیلی پشیمونم ، از این که به حرف بابا و مامان علی الخصوص تو خواهر خوبم گوش نکردم پشیمونم چقدر شما نصیحتم کردین ، من احمق بودم ، من کور بودم حالا هم حقم مردنه دوست ندارم زنده باشم و بازم باعث ناراحتی شما بشم ، من با آبروی خودم و خانوادم بازی کردم حق خوبی و محبت ندارم خواستم بهت بگم

۷۲

اگه دیگه ندیدمت منو ببخش ، از مامان و بابا هم حلالیت منو بگیر .

افسانه : الهه جون تو رو خدا این حرفها رو نزن ، من برات همه چیز و درست می کنم .فقط به من بگو کجایی، خودم میام دنبالت ،بیا پیش خودم باش نمی زارم کسی از گل کمتر بهت بگه ولی جون افسانه این کار و نکن از خدا بترس .مامان حالاشم تو بیمارستان بستریه ، دق می کنه ، نزار دق کنه .الهه هر کاری کردی فدای سرت ، من اشتباه تو گردن می گیرم ، من به همه می گم تقصیر من بود، من باعث این اتفاق برای تو شدم .نمی زاریم غیر از خانواده کسی از این جریان بو ببره ، ولی تو رو جون هر کسی که قبول داری تو رو جون مامان بر گرد،اصلاً حالا که عقد کردی به همه می گیم رفته بودین ماه عسل .تازه مردم چه می دونن چی پیش اومده، بعد هم هر چی تو تصمیم گرفتی برات انجام می دم ، الهه جون باشه ، کار اشتباهی انجام نده، بیام دنبالت؟

الهه :نه ، باشه به حرفهات فکر می کنم .اگر نظرم عوض شد فردا بهت زنگ می زنم ، اگه نه ازت معذرت میخوام که نتونستم بازم حرفتو گوش کنم.

الهه بعد از خداحافظی با افسانه گوشی و قطع کرد ، نشسته بود و به حرفهای افسانه فکر می کرد .بعد از برگشتن از خانه محضردار تصمیم داشت به زندگیش پایان دهد ولی برای لحظه ایی به فکرش افتاد که با خواهرش حرف بزند و حرفهای نگفته اش را بگوید، حالا مردد بود چه تصمیمی بگیرد.

حنیف چند بار صدایش کرد ، وقتی دید الهه جواب نمی دهد خودش آمده بود کنارش: الهه با توام کر شدی چرا جوابم و نمی دی ؟ حالا که عقد شدیم باز ناراحت چی هستی ؟ بیخیالش دیگه مهم نیست ننه بابات چی میگن ، من با بابا ننه ام حرف زدم گفتم می خوام با تو عقد کنم ، فکر می کردن تو راضی نمیشی نمی دونستند تو از خداته ، مهم خواستن من بود ، حالا هم که تو رو بدست آوردم از خوشحالی پرواز می کنند، باورشان نمیشه ، فردا که عقد نامه و گرفتم یه سر می ریم خونه ما از اونجا به خونه شما زنگ می زنیم ، یه کارش می کنیم .غصشو نخور خودم کارها و ردیف می کنم، کسی هم اگر حرفی زد با من طرفه ،دیگه احترام محترام نداریم هیچ غلطی نمی تونند بکنند.الهه از دست حرفهای حنیف بیشتر لجش در می آمد ، از این همه حماقت و گستاخی بیشتر عصبانی می شد.

افسانه جریان تماس الهه را با شوهرش کامران در میان گذاشت و همچنین ماجرای عقد اون و حنیف.کامران به دقت به حرفهای افسانه گوش داد و افسانه تمام ماجرا و تصمیم الهه را برایش گفت.کامران هم از اینکه افسانه تلاش کرده بود خواهرش را امیدوار کند و به او دلداری داده بود او را تحسین کرد و گفت : افسانه جان کار خوبی کردی خواهرت در شرایط سختی قرار داره باید کمکش کنیم ، سعی کن اگر دوباره تماس گرفت قانعش کنی که برگرده ، با بابا هم صحبت کن که واقعیت و بپذیره اتفاقی که نباید می افتاد افتاده ، چاره کار صبر و سکوت و تحمله که باید بابا اینها شرایط روحی الهه و درک کنند که کار خطرناکی پیش نیاره که باعث آبروریزی بشه، بزارید بیان من خودم با حنیف صحبت می کنم اگر خواستن زندگی کنند خودم براشون خونه و کار فراهم می کنم تا زندگیشون بچرخه.

چند روزی می شدکه سعی‌د دوستاشو ندیده بود، تصمیم گرفت طبق عادت دوستانش که همیشه نیمه شبها به پاتوق خودشون کنار دریا می رفتند او هم به اونجا برود تا با آنها باشد .ساعت ده شب بود که به سمت ساحل دریا و محل پاتوق علی و حسین حرکت کرد طبق معمول همیشه آنها آنجا بودند روی ماسه های ساحل دراز کشیده بودند و حرف می زدند از دور صدای

۷۵

خندیدنشان شنیده می شد ، سعید تا نزدیکیهایشان رفت، حسین و علی بیخیال گرم گفتگو و صحبت بودند و توجه ایی به اطراف نداشتند .سعید اول خواست کمی انها را بترساند ولی هرچه فکر کرد ندانست چطوری ؟ یک دفعه پرید بالای سرشان آنها کمی هول کردند و از جایشان بلند شدند : به به سلام آقا سعید می بینیم سرحالی چه عجب این طرفها تشریف آوردی ، به یاد ما افتادی

سعید : حوصله ام سر رفته بود گفتم بیام کنار شما بنشینم یه خرده سرحال بشم ، کی اومدید ؟

علی : یکی دو ساعتی میشه ولی حالا حالا ها اینجا هستیم ، امشب دریا حسابی آرومه شنا کردن حال میده ، کم میایی نمی بینمت

سعید : این روزها همراه پدرم سرکار می رم و پیشش مشغولم.

حسین : خبر داری الهه با حنیف در رفته ؟ چند روزه که غیبشون زده کسی اونا رو نمیبینه

سعید : تو از کجا می دونی

حسین : من از دوستام شنیدم ، میگن نیستن ؟

علی : درست ، ولی حسین توهم مرض داری بی خیال شو شاید بچه ها حرف در آوردن تو حالا چرا به سعید گفتی ، این بنده خدا چکار کنه ، رفتند که رفتند ، سعید که داره بی خیالش می شه ، مگه نه سعید اینطور نیست؟

سعید حرفی نزد تو خودش رفته بود

علی : بیخیالش ، حالا که رد شده غصه شو نخور ، بعد هم رو به حسین کرد و گفت : تو هم مرض داری ، حرف کم بود این موضوع و وسط کشیدی ، همیشه باید حال سعید و بگیری

حسین : نه بابا من فقط می خواستم حرفی زده باشم، اصلاً شوخی کردم من چه می دونم چه اتفاقی افتاده، درسته با هم همسایه ایم ولی خبر دقیقی ندارم، از دوستان حنیف تو باشگاه شنیدم.

دوباره تو دل سعید آشوب به پا شده بود گفت : من از حنیف عوضی بدم میاد.

علی : بی خیال سعید بهتر شد که باهاش رفت ، بعداً می فهمه چه پسری و از دست داده: پاشیم بریم شنا من حال ندارمو نمیشه نداریم.بعد هم ستای پریدند به دریا تا پاسی ازشب تودریا مشغول شنا وبازی بودند.

سعید اما تو تختش دائم جابجا می شد نتوانست بخوابد فکر و
خیال الهه داشت دیوانه اش می کرد .باورش نمی شد کسی که
آنقدر دوستش داشت به این راحتی از او گذشت و از دستش داده
بود ، الهه حتی یک لحظه به او اجازه نمی داد حرفش را بزند ،
چقدر او را سنگ دل و خودخواه می دانست ولی بازم با تمام وجود
دوستش داشت .برای سعید حتی کم محلی و ناسزا گفتن الهه هم
شیرین و دوست داشتنی بود هر بار که الهه را می دید سلام می
کرد ، الهه حتی در این اواخر بجای جواب سلامش به او توهین
می کرد و می گفت : گمشو ، دیونه ، چی از جونم میخوای من
ازت خوشم نمیاد ، دست از سرم بردار .سعید هم همیشه می گفت
:من دوستت دارم ، تو دوستم نداشته باش ، من تو را می خواهم.

الهه بارها در کنار دوستانش سعید را کنف کرده بود ، با اشاره به
سعید به دوستانش می گفت : بچه ها این پسره خل و چل هم
عاشق منه ، همه و برق میگیره منو چراغ نفتی ، تیپ و قیافشو
نگاه کنید .این خل و چل وقت نداره به خودش برسه حالا میخواد
منو بگیره، بعد هم با دوستاش می زدند زیر خنده و رد می شدند .
سعید این حرفهای الهه هم برایش جالب بود ، همین که می دید
اون می دونه که سعید دوستش داره و خودش یک دنیا برایش می
ارزید ، پیش خودش فکر می کرد اشکالی نداره بزار با مسخره

کردنم پیش دوستاش خوشحال باشه، مهم اینه که دوستاشم می دونستند سعید الهه را دوست داره .دم دمای صبح از فرط خستگی خوابش برده بود که صدای باباش بیدارش کرد ، چشمهاش پف کرده و خمار از هم باز نمی شدند .سعید پسرم بلند شو بریم سرکار زودتر صبحانتو بخور راه بیفتیم.

سعید : بابا نمیشه من امروز نیام ، دیشب نخوابیدم ، حوصله سرکار اومدن و ندارم.

رستم : نه دیگه ، اونوقت مادرت باز پیله میکنه می گه این پسر یه دردش شده ، ببریمش دکتر .حالا بیا کار و درست کن ، جان من بلند شو تا کار از این خرابتر نشده بریم ، یه چند ساعتی هستیم زود بر می گردیم امروز بخاطرت کمتر کار می کنیم، پاشو تنبلی نکن.

صبح حنیف به همراه دوستش حبیب به دفتر محضر دار رفتند و عقد نامه را تحویل گرفتند .حنیف به ویلا بازگشت و عقدنامه را به دست الهه داد الهه دقیق صفحات عقدنامه را نگاه کرد ، از تصمیمش منصرف شده بود ،حرفهای افسانه باعث شده بود جرقه کوچیکی از امید برایش پیدا شود ، با خودش فکر کرد اول با حنیف میره خونه پدرش و بعد هم خونه خودشون و از پدر و مادرش عذر خواهی می کند و دیگه بیخیال حنیف می شود و ازاو

طلاق می گیرد و درسش را ادامه می دهد و هرگز به پسری دل نمی بند، حنیف صدایش کرد و گفت : الهه پاشو لباس بپوش بریم خونه ما هر چه داری بردار دیگه اینجا نمیایم ، دوستم ویلاشو میخواد باید زودتر بریم .آژانس دم در منتظره .به سمت خانه پدر حنیف به راه افتادن بعد از گذشتن از خیابان اصلی به محله فقیر نشین شهر رسیدند و پس از طی مسافتی در کوچه های خاکی و پر پیچ و خم دم در خانه ایی محقر رسیدن با راهنمایی حنیف راننده ایستاد و بعد حنیف و الهه پیاده شدند

الهه : اینجا دیگه کجاست ؟

حنیف : به کلبه درویشی ما خوش اومدی بیا بریم تو ، خانواده ام منتظر ما هستند .با ضربه ایی به در در حیاط را باز کرد .الهه هاج و واج ایستاده بود که حنیف دستش را گرفت و به سمت داخل حیاط کشید و بلند گفت خانم تشریف بیارید تا کی می خوای دم در بایستی بفرمائید غریبی نکنید

با ورود آنها خواهران حنیف سکینه و خواهر کوچکتر او سوگل و بعد هم مادر حنیف نسا خانم به استقبال آمده و روی ایوان ایستاده بودند .حیاط خانه با درخت انجیری بلند و تعدادی گل و دو درخت پرتقال پوشیده شده بود ایوان کوچک که بین دو اتاق بود کنار پذیرایی سه در پنجره ایی قرار داشت .بعد از سلام و تعارف

خشک و بی روح آنها به همراه هم وارد حال خانه شدند .
عنایت پدرحنیف چند سالی بود که به علت سانحه در کارگاه نمی
توانست کار کند و از بیمه کارگری استفاده می کرد و چند سالی
که دستش از مچ در حادثه قطع شده بود برای تسکین درد و
همچنین سرگرمی به اعتیاد کشیده شده بود و آنقدر آلوده اعتیاد
بود که نای بلند شدن نداشت .ولی مرد خوش مشربی بود با
خوشرویی و محبت به الهه تبریک گفت .بعد از نشستن الهه و
حنیف ، سکینه برای آن دو چای و شیرینی آورد و بعد کنار
سوگل و مادرش نشست .سوگل رو به حنیف گفت : داداش زن
داداش خیلی قشنگه

سکینه : داداش حنیف هم خیلی خوش تیپ و جذابه

الهه لبخند تلخی زد و چیزی نگفت باید تحمل می کرد قرار بود با
آنها زندگی کند.الهه برای بعداز ظهر حنیف را راضی کرد که به
خانه آنها بروند ، قبل از رفتن با خوهرش افسانه برای چند دقیقه
صحبت کرد و گفت تا دو ساعت دیگر به همراه حنیف به خانه باز
می گرددو از او خواست آنجا باشدتا مسئله خاصی پیش نیاید .
افسانه قبول کرد و بعد از قطع تماس به کارهایش رسید و سریع
آماده شد و با کامران هماهنگ کرد که او هم به خانه پدرش
بیاید و راهی شد .بعداز ظهر الهه به همراه حنیف به سمت خانه

پدرش راهی شد چند روزی بود از خانه اش دور بود ، اول کوچه
خودشان رسیده بودند یک لحظه چشمش به سعید و پدرش افتاد
که به سمت خانه شان در حرکت بودند بغض گلویش را فشرد ،
دم در خانه از ماشین پیاده شدند .سعید متوجه آمدن او و حنیف
شد و آنها را از دور شناخت ، نگاهی از حسرت و خشم به همراه
الهه انداخت آنها وارد حیاط شدند و از دید سعید نا پدید شدند.

یک لحظه دیدن الهه کافی بود که آتش عشق پنهانش
دردرون سعید زبانه بکشد ،رو به پدرش گفت : دیدی بابا ، دیدی
الهه بود ، با شوهر عوضیش بود چقدر بابا به شما گفتم برای من
خواستگاریش کنید ، نرفتید کاری کردین دادنش به یه عوضی
آشغال ، یعنی من لیاقت اون و نداشتم ، چی می شد شما زودتر به
خواستگاریش می رفتید .شما خیلی بدین اصلاً برام کاری نکردید .
بعد هم زد زیر گریه.

رستم : حالا خودت و کنترل کن چیزی نشده بهتر از الهه و
برات درست می کنم

سعید : نه شما دروغگو هستید ، برام یه بار هم خواستگاری الهه
نرفتید ، من فقط الهه و دوست دارم حالا باید چیکار کنم

رستم : حالا اینقدر حرص نخور ، خانواده اش تو را قبول نداشتند ، من کاره ای نبودم ، هر چی خدا بخواد همونه ، قسمت نبود عروس ما بشه.

در حیاط افسانه زودتر از همه به استقبال آنها آمده بود ، به گرمی الهه را در آغوش کشید اشک شوق از گونه اش جاری شده بود انگار چند سال خواهرش را ندیده بود بعد هم با حنیف سلام و احوالپرسی کرد .تلاش کرد حنیف با آمدنش احساس راحتی کند ، مادرش کنار پله منتظرش بود با تمام دلخوری وناراحتیش الهه را در آغوش کشید و رویش را بوسید بعد هم به حنیف خوش آمد گفت : پدرش اکبر کمی عقب تر از آنها ایستاده بود الهه با شرمساری به سمتش رفت ، اکبر به او چیزی نگفت تنها نگاه سرزنش باری به او کرد و دستش را دراز کرد و سری تکان داد به داخل رفت ، حرفی با حنیف نزد .سیما خانم رو به حنیف : آقا حنیف بفرمائید داخل ، اکبر آقا کمی ناراحتند ، اشکالی نداره خوب می شه بفرمائید.

کامران داخل سالن روی مبل نشسته بود با ورود الهه و حنیف به آنها سلام کرد و تبریک گفت به حنیف دست داد و با تعارف از او خواست که بنشیند ، افسانه چای و شیرینی آوردو به آنها تعارف کرد و برایشان میوه گذاشت .کم کم سر صحبت باز شد و با

خطاب دادن الهه که چرا بدون اجازه بزرگتر و مشورت ، خودسر عقد کرده است و حرفهای دیگراو را سرزنش کردند .حنیف گفت : کاری بود که شد ما چاره ایی نداشتیم باید عقد می کردیم.

سیما : همین ، شما فکر آبروی خانواده ، عاقبت کار را نباید می کردید .این دختر حالیش نبود شما چرا این کار و کردید

حنیف : من چکار می توانستم بکنم الهه می خواست من چاره ایی نداشتم

سیما : خاک بر سر این دختر بی عقل و احمق من بکنن که دست خودی خودش را بدبخت کرده ، نگفتید زندگی کردن راه و رسمی داره.

کامران به میان حرفهای مادر زنش آمد و گفت : مامان سیما ، حالا اتفاقیه که افتاده چاره ایی جز قبول نیست شما هم اینقدر خودتان را ناراحت و سرزنش نکنید راهکارش اینه که یک مراسم عقد و شیرینی خوران ظاهری بگیریم تا دهن دوست و دشمن بسته بشه ، این دو تا هر دو بی فکری کردن ما که عقل داشتیم چی کار کردیم ، و با این گفته ها مادر زنش را آرام کرد و با مشورت هم قرار عقد و شیرینی خوران برای آنها را گذاشتند تا کمی گره از مشکلاتشان باز کنند .شام را به اتفاق حنیف و الهه دور هم خوردند با آمدن الهه کمی آرامش به خانواده تهامی باز

گشته بود ، اکبر آقا ناراحت و اعصبانی بود ولی مرد کم حرف و خودداری بود و سعی می کرد کمتر باعث ناراحتی و درگیری در خانواده و بین خودشان باشد .آن شب را حنیف و الهه در خانه پدرش ماندند ،بعد از صبحانه حنیف رفت الهه از او خواست تا زمانی که پدر و مادرش کاری به او نداشتند آنجا بماند و او هم ناهار به آنجا برود و حنیف از او خداحافظی کرد و رفت.

یکی دو هفته ایی به این منوال گذشت ، حنیف می آمد و می رفت. سعید بعد از دیدن دوباره الهه کارش شده بود ناراحتی و گریه ، هر وقت مادرش به اتاقش می رفت یا در حال گریه بود یا در گوشه ایی گز کرده بود کمتر غذا می خورد و چند روزی هم سرکار نرفته بود.

شیرین مادر سعید چند باری به رستم گفت : این سعید تا حالش از این بدتر نشده باید ببریش دکتر و یه دارویی برایش بنویسد ، می ترسم خونه نباشی بره شر به پا کنه اون وقت کاری نمیشه برایش کرد جز پشیمونی چیزی برایش نمی ماند

رستم : باشه این روزها خیلی سرم شلوغه گرفتارم یه چند روز دیگه وقت کردم می برمش دکتر ، حالا تو مواظبش باش بین روز بیرون نره اگه هم تونستی به دوستاش بگو بیان اینجا پیشش شاید حالش بهتر شد .بعد رفتن رستم شیرین با دوستان سعید که شماره

آنها را در گوشی موبایل سعید بود تماس گرفت .بعد از جویا شدن احوال آنها از آنها خواهش کرد که به خانه آنها بیایند وکمی وقتشان را با سعید بگذرانند تا روحیه اش تغییر کند ، آنها هم قبول کردند و قول بعداز ظهر را دادند تا به دیدن سعید بروند .شیرین برای اینکه سعید آرام شود مسکنی را در شربت او حل کرد و برای سعید برد تا کمی او را آرام کند.

سعید درکنار دوستانش آرامتر نشان می داد علی تا جای ممکن سعی میکرد راجع به الهه حرفی به میان نیاورد و گفتگو سعید در مورد الهه را عادی نشان دهد و از اهمیت و عشق الهه در فکر و ذهن سعید بکاهد .حسین از شور و حال سعید درباره الهه لذت می برد، شیفته سر به سر گذاشتن سعید و دوستانش بود از هر موضوعی سوژه می گرفت تا بخندد، از سرکار گذاشتن سعید هم حال میکرد و ما بین حرفهایش سعید را بیشتر آتشی میکرد که راجع به الهه حرف بزند.

سعید هم تا حرف الهه به میان می آمدمثل کوره آتش سرخ می شد و تمام ماجرای دوست داشتن الهه و دیدن دوباره اش در چند روز قبل را با آب و تاب برایشان تعریف می کرد .حسین من جای تو بودم می زدم پسره لندحور و در بو داغون می کردم

علی : برای چی خب دختره و خواست رفت خواستگاری و بدستش آورد

حسین : توهم ساده ایی علی صد سال سیاه هم که بود پدر و مادرش دختربه این عوضی نمی دادند ببین چکار کرده که دختره و به دست آورده چند وقت بشه مثل سگ پشیمون می شه توام سعید دیگه بیخیال این دختر بشو تمام شد شوهر کرده تو را هم که نمی خواست حالا هی بگو من دوستش دارم ، اون به من لبخند زد و سلام کرد ، بابا امروز دلتو به سلام و لبخند یک دختر خوش نکن دیدی به چه راحتی یکی دیگه اومد نظرش عوض شد ، با اون ازدواج کرد

علی : راست می گه سعید تو هم بهتره بی خیال الهه بشی ، شاید یه روز از یکی دیگه خوشت بیاد و بخوای با اون ازدواج کنی.

سعید : من دیگه از کسی خوشم نمیاد من فقط از الهه خوشم میاد ، چون عاشق شدم ، دیگه هم زن نمیگیرم

حسین : دمت گرم سعید به تو میگن یه عاشق واقعی حالا که دیر نشده ، خلاصه بر می گرده یه سال دو سال دیگه بر می گرده خونه پدرش دوباره می تونی بدستش بیاری این دفعه که بیاد حتماً عاشق تو می شه

علی : جان پدرت این سعید و اینقدر اذیت نکن نا سلامتی قرار بود سرحالش بیاری نه اینکه دیوانش کنی ، سعید جان بهتره بی خیال این دختره بشی ، این خبرها نیست که برگرده ، تازه اگر هم که برگرده داغونه ، دیگه اصلاً حوصله عشق تو و دوست داشتن پسر دیگه ایی و داشته باشه، اونم پسری که شب و روز دیدش و ازش خوشش نیومده بود، من می گم این هفته یه برنامه بزاریم بریم مسافرت چند روزی بریم اصفهان یه حال و هوایی عوض کنیم

حسین : من آماده ام ، سعید تو هم از بابا و مامانت اجازه بگیر با ما بیا

سعید : من حوصله مسافرت ندارم، ولی امشب اگر شما کنار ساحل می نشینید منم میام

علی : دمت گرم,ما می خوایم برنامه برای مسافرت بزاریم، تو هم که آمادگی مسافرتت و اعلام کردی ،اول مقدمات فراهم شه ،پس شب بیا ببینیمت،پسر حالا که اجازه امشب و می گیری ،راجع به اصفهانم صحبت کن تا آمادگی داشته باشن اجازتو بدن،باز بهت نگم برای تو مسافرت عالیه،از شر فکر و خیال الکی راحت می شی.

علی و حسین دو ساعتی با سعید مشغول گفتگو بودند بعد هم قرار شب را گذاشتند و رفتند، به نظر شیرین سعید روحیه اش بهتر شده بودهر وقت با دوستانش بگو بخند میکرد سرحال می شد

سعید : مامان خیلی گرسنمه یه عصرونه ایی برام میاری بخورم.

آقای تهامی از دیدن حنیف به شدت اعصبانی و ناراحت بود و بارها به سیما گفته بود که دوست ندارد این پسره به خانه اش رفت و آمد داشته باشد ،حتی به الهه هم گفته بود هر چه زودتر تکلیفش را با این پسر مشخص کند اگر میخواهد با او زندگی کند و اگر هم نمی خواهد زودتر طلاقش را بگیرد .الهه مانده بود چه تصمیمی بگیرد ،دیگر مثل سابق پیش پدر و مادرش عزیز و محترم نبود .آنها گاه و بیگاه هر چه به ذهنشان می رسید به او نسبت می دادند باید کاری برای خودش انجام می داد سعی کرد درسهای دانشگاه را بخواند تا کنکور قبول شود و بتواند در رشته مورد علاقه اش در دانشگاه ثبت نام کند، از زمانی که اولین بار در کنکور شرکت کرده بود و قبول نشده بود یک سالی گذشته بوداین بار با جدیت درس می خواند و سعی می کرد کمتر فکرش را مشغول اشتباهات گذشته اش بکند، با حنیف هم سر سنگین برخورد می کرد،گفته بود کمتر به دیدنش بیاید تا او بتواند مسائل خانوادگیش را سر و سامان دهد .حنیف هم چاره ایی نداشت

دستش پیش الهه رو شده بود و الهه کاملاً او را شناخته بود ،جز زبان چرب و قیافه فریبنده هیچ جنبه مثبتی نداشت از وقتی که الهه او را در ویلا مشغول کشیدن سیگار دیده بود فهمیده بود که اهل خلاف و دود هم هست و گاهی با دوستانش به کشیدن سیگار و مواد و تفریحات این چنین مشغول است الهه فهمید آن همه حرفها که حنیف می زد خانه و ویلا دارم و ماشین هایی که سوار می شد می گفت مال خودم هست یا مشغول کار در آرایشگاه است همه دروغی بیش نبودند ، نه خانه ایی داشت و نه ویلا برای خودش بود و نه در آرایشگاه کار می کرد تنها هنرش،دروغگویی و سوء استفاده کردن بود.

الهه می خواست کمی رابطه سردش را با حنیف ادامه دهد تا مدتی بگذرد و دلیل محکمی برای جداشدنش داشته باشد ، می دانست بزرگترین اشتباه زندگیش را کرده است ولی باید با صبر و حوصله بیشتر این موضوع را حل می کرد .حنیف توانسته بود با زیرکی الهه را مجذوب خودش کند ولی با سوء استفاده و دروغ گویی نمی توانست الهه را برای خودش داشته باشد ، حنیف بیشتر به ثروت پدر الهه فکر می کرد ، باید کاری می کرد که الهه برای همیشه از فکر جداشدن و طلاق بیرون بیاید ، هر روز برای حفظ علاقه الهه یک کار جالب توجه می کرد برایش گل می آورد

هدیه می آورد و خلاصه چرب زبانی می کرد باید راهی پیش می گرفت تا الهه را از فکر جدایی منصرف می کرد .ولی الهه تصمیمش را گرفته بود ، با جدیت تمام مشغول خواندن درسش بود باخواهرش افسانه هم مشورت کرده بود و تصمیمش را به او گفته بود .افسانه به او گفت که باید خیلی مواظب باشد تا حنیف او را گول نزندو یا بخواهد با کاری او را برای همیشه از طلاق منصرف کند.

روزها از پی هم سپری می شد الهه کمتر به حنیف زنگ می زد و طوری وانمود می کرد که اصلاً فرصت سر خاروندن ندارد و یک سره مشغول درس خواندن بود .چند روزی به امتحان کنکور دانشگاهها مانده بود ، مادرش هم از اینکه الهه تصمیم گرفته بود به دانشگاه برود خوشحال بود.

افسانه کم و بیش تمام جریان الهه و حنیف را به مادرش گفته بود و هم چنین تصمیم الهه را برای جدایی از حنیف .سیما هم از قبل مخالف وصلت با حنیف و خانواده اش بود و تمام هم و غمش این بود که نگذارد الهه با او ازدواج کند ولی به علت خاصی و اشتباه الهه و فرارش از خانه آن عقد اجباری را رقم زده بودند ، ولی سیما خانم بارها به افسانه گفت : من دیگر اجازه نمی دهم این پسر از دخترم سوء استفاده کند ، حالا که الهه هم به این

نتیجه تلخ رسیده که این آدم مرد زندگیش نیست من همه جوره کمکش می کنم تا بتواند از شرش خلاص شود و به دانشگاه برود.

از وقتی که الهه به حنیف محل نمی گذاشت ، حنیف بیشتر وقتش را دنبال خلاف و تفریح با دوستان بی قیدش می گذراند ، چند روزی بود به دختری بند شده بود و هر روز سر راهش ظاهر می شد تصمیم گرفته بود دختر بیچاره دیگری را گرفتار و در به در خودش کند هر روزبا گفتن دوستت دارم و ابراز علاقه به مینا او را مجاب به گفتگو با خودش کرد و شماره تماسش را داده بود و هم ازاو خواسته بود اگر تماس نگیرد ،،دوباره سر راهش پیدا می شود.حنیف اکثر اوقات به تیپ و قیافه اش می رسید و سر و وضع فریبنده ایی داشت تا بتواند به خواسته اش برسد ، اکثر اوقات برای تهیه البسه خودش به بوتیکهایی می رفت که تازه کار بودند . بعد از خرید با چرب زبانی و دروغ نسیه کار می کرد و در می رفت و اگر هم کسی او را پیدا می کرد با فحاشی و بدزبانی منکر بدهی خودش می شد .پول تو جیبیش را از فروش مواد و خلافهای دیگر به دست می آورد.

مینا دختر زیرکی بود و به دانشگاه می رفت، او هرگز نمی خواست به حنیف محل بگذارد و تنها به این دلیل شماره اش را گرفته بود

چون او را از قبل می شناخت ، او و الهه و شمیم و باران دوستان و همکلاسی های قدیمی بودند ، او یاد داشتهایی که حنیف ده ها بار برای به دست آوردن الهه به او داده بود ودرآن این گونه چرب زبانی می کرددیده بود. الهه برایش خوانده بود و بارها او حنیف را نزدیک دبیرستان دیده بود که منتظر آمدن الهه بود ، مینا می دانست او فقط برای فریب و سوء استفاده با دختران دوست می شود برای همین هم می خواست کاری کند که او از این کارش پشیمون شود.

مینا بعد از رسیدن به خانه با الهه تماس گرفت و ازاو راجع به دوستیش با حنیف پرسید، الهه ماجرای عقد و اتفاقات بین خودش و حنیف را برای مینا توضیح داد، مینا از شنیدن ماجرا شوکه شد و برای الهه ابراز تاسف کرد از این که به راحتی فریب آدمی مثل حنیف را خورد متاسف شد مینا نیتش از زنگ زدن به او را گفت و جریان مزاحمت حنیف طی چند روز گذشته را برایش شرح داد و نیز شماره تماسی که حنیف داده بود را به الهه داد الهه هم شماره تماس حنیف را تائید کرد و مطمئن شد که حنیف قصد دوست شدن با مینا را داشته و فرصت مناسبی برای الهه پیش آمده بود تا از این کار شرم آور حنیف به نفع خودش استفاده کند ، الهه از مینا به خاطر اطلاع دادن موضوع و فراموش نکردن

دوستیشان تشکرکرد و باهم قرارگذاشتن هر خبری که به دست آوردند با هم در میان بگذارند.

چند روزی از ماجرای مزاحمت حنیف برای مینا گذشته بود و سر و کله حنیف در مسیر دانشگاه دیده نمی شد و مینا از این بابت خوشحال بود، در این اوضاع و احوال خبر تازه ایی به گوش الهه رسید دال بر دستگیری و بازداشت حنیف به جرم مصرف مواد مخدر و نگهداری مقداری از مواد به همراهش در یک جمع و محفل شبانه که همراه بامصرف مواد مخدر ومشروبات بود حنیف به اتفاق ۵ نفردیگر بازداشت شدند در بررسی اولیه از۵ نفر ازجمله حنیف به علت مصرف بی اندازه مواد وعدم هوشیاری آنان مجرم شناخته شدند که یکی از آنها مشغول استعمال مواد مخدر خطرناک شیمیایی بوده که هر 5 نفر بعد از آزمایش و بررسی از مواد یاد شده استفاده کرده بودند و مقداری هم از آنها کشف و ضبط شده بود، مواد کشف شده به همراه بازداشتیان برای تحقیق ومراحل قضایی به پاسگاه کلانتری انتقال داده شدند. حنیف هر روز در گرداب کارها و مردم آزاری های خودش بیشتر غرق می شد .

الهه چند روزی ار حنیف خبر نداشت و برای اطلاع از موضوع بازداشت حنیف از دامادشان کامران خواست تا به پاسگاه برود و از ماجرا و پرونده حنیف سر در بیاورد و شرایط و اوضاع پرونده اش

ونوع و مدت محکومیتش را بفهمد ، کامران هم قبول کرده بود و برای پرس و جو به پاسگاه رفت به گفته افسر نگهبان پرونده ، حنیف به همراه چند مجرم خلافکار روز گذشته به دادگاه برده شدند و آنها در آنجا به دو سال الی سه سال و نیم زندان و ضربات شلاق و جریمه نقدی محکوم شده بودند و حنیف برای طی دوره محکومیت به زندان انتقال داده شده بود . بعد از مطلع شدن کامران از جریان محکومیت و زندانی شدن حنیف ، به خانه پدر خانمش برگشت و کل جریان چگونگی باز داشت و محل دادگاه و زندانی شدن حنیف و دوستانش را برای الهه و افسانه تعریف کرد . چند ماهی از عقد اجباری و اتفاقات ناخواسته الهه می گذشت وحالا الهه دیگر می توانست راحت و بدون مشکل از حنیف طلاق بگیرد.

روز ها از پی هم در حال گذر بودند ، روز موعود برای شنیدن خبر قبولی یا ردی در دانشگاه رسیده بود ، الهه صبح زود برای گرفتن روزنامه بیرون رفته بود اکثر دوستانش را هم می دید که آنها هم آمده بودند تا اسم خود را در بین قبول شدگان پیدا کنند . جلوی کیوسک روزنامه فروشی پر بود از مرد و زن ، پیر و جوان که منتظر گرفتن روزنامه بودند .پس از نیم ساعت معطلی الهه روزنامه را گرفت دوستانش که درصف روزنامه فروشی بودند از او

خواستند بیند جواب قبولی اش آمده یا نه .الهه گفت : به خانواده قول دادم با آنها روزنامه را جستجو کنم .برای همین هم باید سریعتر برگردم تا هرچه زودتر اسمم را پیدا کنیم ببینیم کجا قبول شدم و از آنها خداحافظی کرد و به سمت خانه تاکسی گرفت . افسانه و کامران از صبح زود برای شنیدن خبر قبولی و دیدن اسم الهه و شادی با خانواده دور هم جمع شده بودند با آمدن الهه و آوردن روزنامه آنها نزدیک هم جمع شدند .الهه روزنامه را به افسانه داد .افسانه هم از کامران خواست که او هم در پیدا کردن اسم الهه به او کمک کند .کامران با گفتن چشم عزیزم شما امر بفرمایید شروع کرد به گشتن دنبال اسم الهه. برای یک لحظه کامران گفت : الهه قبول شده الهه با شادی به هوا پرید .شادی و خنده او تمام خانواده را به وجد آورده بود .دوسالی می شد که در خانه آنها صدای خنده و شادی شنیده نمی شد همه به او تبریک گفتند .حتی رستم که دل چرکینی از او داشت او را در آغوش گرفته و رویش را بوسید و تبریک گفت .از اینکه می دید دخترش توانسته با اراده دوباره راه درست زندگیش را پیدا کند خوشحال بود .آن شب جشن کوچک خانوادگی گرفتند و تا پاسی از شب شاد و خندان سپری کردند .پس از رفتن افسانه و کامران به خانه شان الهه به اتاق خوابش رفت و روی تخت دراز کشید و به تمام اتفاقات و کارهایش طی این دو سال فکر

کرد .این شادی را می توانست دو سال قبل داشته باشد بخاطر یک ندانم کاری و اشتباه مسیر زندگیش تغییر کرده بود.

شبی خوب و رویایی برای الهه بود به آینده مبهم و پر فراز و نشیبش کمی امیدوار بود می توانست شخصیت از دست رفته اش را نزد پدر و مادر و خانواده دوباره بازیابی کند، کم بیش نظر مثبت پدر و مادرش دوباره به او برگشته بود و بیشتر او را مورد توجه قرار می دادند.

بعدچند روز سعید توانسته بود پدر و مادرش را قانع کند تا اجاز بدهند. او به اتفاق دوستانش به مسافرت برود آنها راهی مسافرت شدند.در شهر زیبای اصفهان جاهای زیادی برای گردش کردند بود آنها به جا های دیدنی و باصفای اصفهان رفتند در بازار بزرگ اصفهان گردش کردند و تا پاسی از شب کنار زاینده رود و پارکهای زیبایش نشستند .سعید روحیه اش عالی شده بود چند روزی شده بود که هیچ قرصی نخورده بود و این موضوع باعث شادابی و بشاشیت چهره و رفتار او شده بود ، به راحتی می شد سر حالی و سلامتی را از وجودش فهمید

تابستان داشت تمام می شد سعید خیلی با گذشته فرق کرده بود شاداب و سرحال به همراه پدرش به سرکار می رفت گاهی با دوستانش گرم صحبت و گفتگو می شد و تصمیم داشت برای

آینده اش امکانات زندگی را فراهم بیاورد .گاه و بیگاه الهه را در کوچه می دید هنوز با دیدن الهه شراره عشق در وجودش آتش بپا می کرد با تمام وجود لبخندی به رویش می زد و رد می شد.

الهه چند هفته ایی بود که به دانشگاه رفته بود تصمیم خود را گرفته بود.به اتفاق خواهرش افسانه با خانم وکیلی راجع به موضوع طلاقش از حنیف گفتگو کرده بودند طبق گفته وکیل خانواده او می توانست بدون مشکل درخواست طلاق بدهد .چون حنیف به علت اعتیاد و خلاف در دادگاه مجرم شناخته شده بود و در زندان بود پرونده قضایی داشت .وکیل می توانست از طریق قانونی برایش طلاق غیابی بگیرد کارها بخوبی پیش می رفت .

سعید با تمام وجود کار می کرد تصمیم جدی گرفته بود که برای زندگیش فعالیت و تلاش کند ، از وقتی که پدرش مصرف دارو را برای او منع کرده بود شیرین مادرش دیگر نمی توانست به او دارو بخوراند و یا در غذایش جلوی چشم رستم دارو بریزد ولی شیرین هنوز از ترس و نگرانی از عاقبت سعید و دچار مشکل شدنش در آینده گاه بی گاه دور از چشم رستم در غذایش دارو می ریخت . حال روحی و روانی سعید به صورت عادی برگشته بود و شیرین هم فهمیده بود که سعید دیگر چون گذشته احتیاج به قرص و دارو ندار و بدون آن هم پسرش می تواند سالم و سرحال زندگی کند

و دچار مشکل و دیوانگی نخواهد شد شیرین از دیدن پیشرفت و فعالیت سعید خوشحال بود .سعید جا پای پدرش گذاشته بود حقوق خوبی از مهندس پروژه عمرانی می گرفت طی چند ماه توانسته بود از سرکارگری به پیمانکاری به معمار ارتقا مقام پیدا کند . سرعت خوبی در اجرا و انجام کارها داشت .پدرش هم به او افتخار می کرد و از دیدنش در کنار خود خوشحال بود .سعید از شروع فصل تحصیلی بصورت شبانه ادامه تحصیل داده بود و قصد داشت مدرک دیپلم خود را بگیرد و با تمام وجودش تلاش می کرد در درسش هم موفق باشد.

الهه طی مدتی توانسته بود به کمک وکیل طلاق غیابی خود را از حنیف بگیرد و خاطرات رنج آور گذشته را از ذهن به دور بریزد ولی گاه گداری زخم درد آور آشنایی با حنیف ذهنش را می خراشید هرروز خود را به شوق روزهای بهتر و تلاش بیشتر در راه رسیدن به آینده امیدوار می کرد می توانست با درس خواندن و موفق شدن در دانشگاه باعث سربلندی و افتخار دوباره خانواده باشد .اکبر پدرش برای قبولیش در دانشگاه خوشحال بود و از این که می دید دخترش پی به اشتباه گذشته اش برده و سعی در جبران آن دارد راضی بود می دانست باید به الهه فرصت دوباره برای جبران اشتباهش بدهد .او را بخشیده بود دوباره به رویش

لبخند می زد و مثل گذشته ها او را دختر گلم صدا می زد و
گاهی هم خودش او را تا دانشگاهش می برد و از این که می
دید دخترش در حال پیشرفت و ترقی است خشنود بود

روزها از پی هم می گذشت پاییز تمام شده بود و فصل سرما و
باران زمستان شروع شده بود سعید طبق عادت به سرکار می
رفت و زمان رفت و آمدش را طوری تنظیم کرده بود که برای
یک لحظه هم شده الهه را ببیند و در دلش برای همین اندازه
دیدن رضایت داشت .از وقتی هم که شنیده بود الهه از حنیف
طلاق گرفته است در دلش خوشحال بود دیگر مانعی برای رسیدن
به الهه برایش وجود نداشت هنوز عاشقانه الهه را دوست داشت و
با تمام وجود عاشقش بود ولی سعی می کرد کسی درکوچه
متوجه رفتارش نشود .

الهه رفتارهای عاشقانه او را می شناخت از نگاه سعید می فهمید .
اگر روزی پیش می آمد سعی می کرد با سلامی او را خوشحال
کند. سعید سالها الهه را عاشقانه دوست داشت و از دیدن هر روز
او از اعماق وجودش خوشحال می شد ، او به یک لبخند و یا
جواب سلام الهه راضی بود می دانست دیگر نباید کاری کند که
باعث دل آزاری الهه شود سعی می کرد با رفتار و شخصیتش

ذهنیت او را به سمت خود سوق دهد . الهه ترم اول دانشگاه را بخوبی پشت سرگذاشته بود و ترم دیگری را شروع کرده بود و فعالیتهای درسیش بیشتر شده بود گاهی هم دوستانش به دیدنش می آمدند و روزها یش را به شادی و خوشی پر می کردند ، عشق و نفرتش با هم در ذهنش گیر می شدند او را از همه مردها بیزار میکرد.گاهی هم دوست داشتن خالصانه سعید را در ذهنش مرور می کرد و به آینده امیدوار می شد که هنوز هم انسانهایی هستند که بی ریا و بی شیله و پیله دوستش بدارند.

سعید به پیشنهاد دوستانش کمی در ظاهرش تغییر داده بود و برای ظاهرش خرج بیشتری می کرد همین امر باعث جذاب شدنش شده بود چند وقتی بود که ورزش کردن را شروع کرده بود و به باشگاه می رفت.دوستانش هم از تغییر در جثه و اندامش از او تعریف می کردند و این امر باعث تشویق و روحیه گرفتن بیشتر سعید می شد. رفتار و ظاهرش با اهل محل و آشنایان بسیار صمیمی و با وقار شده بود و همه را وا می داشت که نسبت به او احترام و شخصیت خاصی قائل شوند کم کم گفتن آقا سعید یا پهلوان محل ، برای اهالی نسبت به سعید امری عادی شده بود. سعید به کمک پدرش زمینی را در اطراف محله خودشان خریداری کرد . سعید در فکر آن بودکه آنجا برای خود ساختمانی بنا کند.

الهه طبق عادت سعید که هر روز زمان رفت و آمدش را با او تنظیم می کرد و خودش را به او نشان می داد سعید را می دید اگر کوچه خلوت بود ، به آرامی سلامی به سعید می کرد و سعید هم با لبخندی جوابش را می داد.سعید تمام کارها و رفتارهایش در زندگی روزانه به یک کنار و دیدن الهه و سلام کردن به او به یک کنار برایش خیلی اهمیت داشت هر کاری داشت و هرجایی بود سر ساعت در زمان رفت و آمد الهه می آمد تا او را برای لحظه ایی ببیند و عشقش را با تمام وجود نثارش کند.

دو سال و اندی بعد از دانشگاه الهه و جدایی او از نامزدش او با تمام وجود سعی می کرد که راهی در دل الهه باز کند و برای همین هم تا می توانست ، کارهای با ارزش و مفید انجام می داد طی این چند سال هر گز تلاش نکرد که از راههای غیر منطقی و یا مزاحمت بخواهد الهه را بدست بیاورد . از طریق دوستان و آشنایان شدت علاقه و عشقش به الهه را به گوش او و خانواده اش رسانده بود اکثر اهالی کوچه و آشنایان آنها و دوستان و آشنایان الهه می دانستند که سعید با تمام وجود او را می خواهد و برایش تنها الهه مهم و خواستنی است .همه می دانستند که سعید انسانی با ادب و شریف است و حتی کسی در محل و اطراف یک حرف بد و سخن زشت راجع به سعید نشنیده بود

همه برایش احترام قائل بودند، دیگر با سعید گذشته فرق داشت دیگر سلامت و پرشور و ورزشکار شده بود ،رفتارش با دوستان خوبش فرقی نداشت اکثر اوقات با دو دوست هم محلیش در رفت و آمد بود و می دانست که تشویق ها و راهنمایی های دوستانه آنها چقدر برایش با ارزش و مفید واقع شده بود ، همانها بودند که به او امید داده بودند و خبر برگشتن الهه را به او داده بودند و سعید مثل برادر انها را قبول داشت.

سعید سالها بود که الهه را با جان و دل دوست داشت تنها چیزی که طی سالیان به تنهایی به دوش می کشید عشق و علاقه خالصانه الهه بود که هرگز در او کم نشد و باور او به رسیدن این عشق به یک سرنوشت و سرانجام بود که او را وا می داشت بی قید و شرط الهه را دوست داشته باشد .مادرش شیرین خانم هم دیگر به سلامتی جسمی اش اطمینان کرده بود جسته و گریخته از اطراف شنیده بود و نیز خودش بارها از سعید موضوع علاقه اش را به الهه شنیده بود و دیگر می دانست بعد از آن طلاق و شکست الهه در زندگی قبلی اش دیگر پدر و مادر الهه راضی به رسیدن سعید به الهه خواهند شد .سعید دیگر پسری سالم و پرشور و کاری بود و می توانست به راحتی برای هر دختری که می خواهد آینده خوبی بسازد .شیرین خانم بارها

تصمیم گرفته بود موضوع سعید و الهه را به زبان خودش به مادر الهه بگوید و نظرش را جویا شود ولی می دانست نباید عجله کند چون الهه هم مشغول در س خواندن بود و هم تازه از نامزدش جدا شده بود و ممکن بود هنوز آمادگی ازدواج با سعید را نداشته باشد، شیرین می دانست دیگر زیاد هم نباید سعید را معطل و سرگردان نگه دارد باید قدمهای اولیه را بر می داشت و تصمیم اش را گرفت و می خواست با سیما خانم مادر الهه راجع به الهه صحبت کند .از چند ماه قبل هر وقت سیما را می دید با ابراز علاقه و صمیمیت فراوان از احوال الهه جویا می شد و با گفتن دخترم الهه جون خوبه ، درسش را تمام کرده یا خیلی مونده تا درسش تمام شود سعی میکرد علاقه اش را به الهه پیش سیماخانم بیان کنه و سیما خانم هم می دانست که شیرین هر وقت خبر الهه را می گیرد منظورش چیزی غیره حال و احوال معمولی و قصدش جا کردن سعید است و به نوعی می خواهد بفهماند که هنوز الهه را برای سعید می خواهد .بعدش هم شیرین خانم سعی می کرد از پسرش و موفقیتهایش حرف بزند و از شروع به ساخت خانه اش صحبت می کرد و با خوشحالی می گفت : پسرم دیگر در فکر کار و آینده اش است و سرش گرم کار و زندگی شده و خیلی پرتلاش و سرحال است خدابخواهد به زودی باید برایش آستین بالا بزنیم .به نوعی سیما خانم را وا

می داشت که از جزئیات جریانات سعید با خبر باشد و نظرش را بداند.شیرین خانم هر گاه الهه را هم در بیرون می دید برایش احترام خاصی قائل می شد و همیشه او را دختر گلم ؛عروس خوشگلم صدایش می کرد و به نوعی به الهه می فهماند برایش هنوز با ارزش است.سعید همچنان او را دوست دارد و مهم دوست داشتن و خواستن سعید است که او را میخواهد و شیرین خانم هم خواسته پسرش برایش باارزش بود و الهه هم دختر زیبا و دوست داشتنی بود و گذشته و اتفاقاتش برایشان مهم نبود .شیرین قبل از اینکه تصمیم جدیش را بگیرد که الهه را خواستگاری کند راجع به گذشته و طلاق الهه با سعید صحبت کرده بود و به او گفت که می تواند دخترهای دیگری را برایش خواستگاری کند ولی سعید با تاکید و جدیت گفته بود برایش گذشته الهه مهم نیست و او تنها الهه را می خواهد و مهم آینده است که می تواند با او احساس شادی و موفقیت داشته باشد . شیرین خانم هم می دانست مهم احساس و علاقه سعید است که سالهای زیادی است که الهه را می خواهد و می دانست الهه تمام فکر و ذهن سعید را پر کرده است و نباید بیشتر او را منتظر رسیدن به الهه بگذارد و باید کاری برای پسرش می کرد.

شیرین خانم دوباره وقتی همسایه اش سیما خانم را دید بعد از سلام و احوال پرسی از او پرسید که برای شب مهمان نمی خواهند، سیما خانم : بالای سر جای دارید ، مهمون حبیب خداست چه کسی بهتر از شما، انشا، الله خیره.

شیرین خانم : حالا بیاییم بعد راجع بهش مفصل حرف می زنیم . راستش رستم خیلی وقته می گه یک شب نشینی بریم خانه اکبر آقا من کمی این پا اون پا می کردم خلاصه گفتم امشب مزاحم بشیم.

سیما خانم : تشریف بیارید خوشحال می شدیم برای شام بیائید

شیرین خانم : نه انشالله شام باشه بعد ، راستش رستم آقا تا دیر وقت سرکاره خسته میشه غروب یه استراحت میکنه تا موقع شام بعد هم پا میشه یکی دو ساعتی میشینه   شام میخوره و تلویزیون نگاه میکنه گفتم فرصت خوبیه شب بیاییم خدمت شما.

شیرین خانم قرار شب را با سیماخانم درمیان گذاشت و بعد از خداحافظی   سیماخانم هم برای پذیرای شب به بازار رفت تا خرید کند.

موقع ناهار اکبر آقا مشغول خوردن غذا بود که سیما ماجرای دیدن شیرین خانم و آمدن آنها برای شب نشینی به خانه خودشان را با اکبر آقا در میان گذاشت و از اکبر اقا خواست تا برای شب شیرینی تازه بخرد .اکبر آقا با کنجکاوی رو به سیما گفت: که خیر باشه خیلی وقته که رستم و زنش این طرفها نمی اومدن سه چهار سالی میشه .مطمئن هستم بی دلیل نیست یه حکمتی تو این شب نشینی هست

سیما : خدا می دونه شیرین خانم چیزی خاصی نگفت ، شب معلوم میشه .

رستم و شیرین بعد از خوردن شام به طرف خانه اکبر آقا به راه افتادند و چند دقیقه بعد با تعارف اکبر آقا و سیما خانم به اتفاق آنها وارد پذیرایی شدند . بعد از حال و احوال پرسی گرم و صمیمی بین دو همسایه و دوست قدیمی گرم گفتگو از هر دری از کار گرفته و مشغله های زندگی شدند .سیما خانم نیز مشغول پذیرایی بود.

شیرین خانم از هر کسی سراغی می گرفت و از سیماخانم حال افسانه را پرسید وگفت شنیدم نوه دار شدی خدا ببخشه برات پسره یا دختر؟

سیماخانم: ممنونم ، پسره ، نقل و نبات زندگی ما شد

شیرین خانم :ایشالله دامادش کنی ، اسمشو چی گذاشتین؟

سیماخانم : افسانه و کامران دوست داشتن اسم پدر خدا بیامرز کامران ، احمد و براش بگیرن ما هم قبول کردیم حالا هم اسمشو گذاشتیم احمد

شیرین خانم :کار خوبی کردن ، هم به روح اون مرحوم احترام گذاشتن هم با اسمش خاطره اش و زنده کردند ، راستی الهه جون کجا ست ، دانشگاهش تموم شد یا هنوز مشغول درس خوندنه

سیما خانم امروز دانشگاه نداشت سلام داره خدمت شما .رفت خونه خواهرش به افسانه کمک کنه شب مهمون داشتن ، خواهر شوهر افسانه مهمونشون هستند . الهه هم رفته به خواهرش کمک کنه ، درسش هنوز تموم نشده ترم آخره بعد این ترم میتونه تو بیمارستان برای خودش کاری بگیره

شیرین خانم: به امید خدا ، انشالله که موفق میشه.شیرین خانم دوست داشت بی مقدمه وار ماجرای خواستگاری الهه برای سعید می شد ولی بهتر دید تا صبر کند که سیما خانم جویای حال و احوال سعید شود

سیما : آقا سعید شما چطوره ؟ کجا مشغول کاره ؟

شیرین خانم: شکر خدا خوب و سرحاله داشتیم می اومدیم با دوستاش رفته بودن بیرون .چند وقته سخت مشغول تکمیل کارهای خونه اش هست

سیماخانم: آفرین ، کجا داره خونه میسازه؟

شیرین خانم : همین نزدیکی یه کوچه پایین تر از کوچه خودمون ، دو سالی میشه زمین خریده بود حالا هم کم کم شروع به ساختن خانه اش کرده .پسرم می گه مامان من دوست دارم زنم و تو خونه خودم ببرم و خونه قشنگی بسازم تا بتونه احساس خوشبختی کنه

سیماخانم : چقدر بفکر آینده هست خدا برات نگهش داره

شیرین خانم : ممنون ، روزام تو کار معماری تو همون شرکتی که تو ساخت و ساز هست همراه پدرش مشغول کار هست شکر خدا دو سال میشه استخدام دائمی و بیمه شده از بابت سعید دیگه خیالم راحته

سیماخانم : خداروشکر آفرین به این پشتکار و تلاشش .خدمت سربازیشو چیکار کردین ؟

شیرین خانم : چند ماهی رستم دنبال معافی خدمتش بود تا براش دست و پا کرد و پسرم معاف شد و کارت معافی خدمتشو

گرفت.حالا هم میخوایم کم کم براش استین بالا بزنیم ، سیما جان گفتم اگه شما قبول کنید الهه جون و برای پسرم سعید خواستگاری کنم و وقتی بزاریم اگه خدا بخواد پسرم را به سر و سامان برسانیم و هم الهه جون عروس خودمون بشه

سیما کمی مکث کرد و گفت راستش الهه من هنوز مشغول درس خوندن است ، چه کسی بهتر از آقا سعید شما الحمدالله هم پسر کاری هست هم باشخصیت و با ادب و هم می دانم اقا سعید سالهاست که الهه منو میخواهد منم مادرم دلم می خواهد دخترم خوشبخت بشه و می دانم کسی بهتر از آقا سعید شما نیست ولی بمن فرصت بده تا با اکبر آقا راجع به این موضوع صحبت کنم و هم کمی صبر کنیم درس الهه تمام بشه قول می دم تا اون موقع به کسی ندمش

شیرین خانم : سیما جان من روی قول شما حساب می کنم و الهه جون عروس خودمه این چند مدتم تا جواب قطعی شما و قرار مدارها اصلی و خواستگاری رسمی به کسی چیزی نمیگم و منتظر شما هستم تا اطلاع بدهید ولی خواهش میکنم کمی زودتر شرایط نامزدی و خواستگاری را فراهم کنید بعد از اون هر چی خواستین صبر میکنیم تا درس الهه جون تموم بشه.شب نشینی همسایه ها و دوستای قدیمی به خوشی پیش رفت .

شیرین خانم توانسته بود رضایت سیما خانم را جلب کند و این برای او و پسرش سعید عالی بود می دانست که سعید از شنیدنش ماجرای خواستگاری الهه ازخوشحالی پرواز می کند این خبر برای سعید بسیار غیرمنتظره و مسرت بخش بود.

بعد آن شب آینده سعید به کلی تغییر کرده بود لبخند از لبانش محو نمی شد از صبح آن روز که مادرش خبر رفتنشان را به خانه آقای تهامی را به او اطلاع داده بود و کل ماجرای صحبت و قرار و مدارش با مادر الهه سیما خانم را شنیده بود ، داشت از شادی بال در می آورد. اول صبح تمام کارگران کارگاه و اطرافیانش را صبحانه مهمان کرده بود و با شادی فریاد می زد : من خوشبخت ترین آدم رو زمینم امروز بهترین روز زندگیم است همه مهمون من هستید ، هیچ کسی مثل من امروز خوشحال نیست و راست می گفت بعد از سالها دوست داشتن و عشق ورزیدن داشت به آرزویش می رسید ، برای سعید هیچ چیز مهم تر از رسیدن به الهه وجود نداشت تمام کارها و تلاشها بخاطر رسیدن به الهه بود و دیگر داشت این اتفاق خوشحال کننده برایش پیش می آمد و برای همیشه الهه را برای خودش می کرد. با تمام وجود می خندید و کارهای سخت دیگران را با اشتیاق برایشان انجام می داد ، با شادی می گفت : من دارم متاهل می شم، من هم صاحب زن و

زندگی می شم ، امروز بهترین روز برای منه ، هر کاری بخواهید امروز من برای شما انجام می دهم. تا ساعت ۳ بعداز ظهر با شوق و اشتیاق تو کارگاه داشت کار می کرد. سعید بعد پایان کار روزانه به خانه برگشت.چندین بار به کنار مادرش رفت و دست و صورتش را بوسید و از او تشکر کرد. راه می رفت و می گفت : مامان من خیلی خوشحالم ، واقعا من به الهه دارم می رسم ؟

مادرش با خوشحالی به او می گفت : اگر خدا بخواهد هنوز که چیزی معلوم نشده این قدر راه نرو نگو صبر داشته باش.

سعید : ولی مامان همینقدر که مادرش قبول کرده من دامادش بشم برام کافیه. دیگه از من بدشون نمی آدو مثل گذشته راجع به من پیش داوری و قضاوت نکردن. خداروشکر.

سعید بعد از ناهار به باشگاه می رفت و یک ساعتی تمرین بدنسازی کرد و سرحال به خونه برگشت و بعد از دوش گرفتن به اتاقش رفت و روی تخت دراز کشید و غرق رویا و خیالات الهه به خواب رفت. با دوستانش قرار گذاشته بود ساعت ۹ شب با هم بروند کنار دریا و باهم باشند.

شب هنگام ،حسین و علی و سعیدطبق عادت شبهای تابستان کنار دریا مشغول گپ و گفتگو شدن ، سعید با دیدن آنها کل ماجرای شب گذشته و رفتن مادر و پدرش را به آقای تهامی برای دوستانش

تعریف کرد و جریان موافقت ضمنی مادر الهه با خواستگاری مادرش با آب و تاب و ذوق و شوق فراوان تعریف می کرد برق شادی از چشمانش موج می زد . علی چند بار گفت مبارکه انشالله کارها داره درست میشه. حسین : چقدر بهت گفتم صبر کنی بهت بر می گرده ، چقدر علی بهت گفته بود. امکان نداره کسی رو دوست داشته باشی و به تو بر نگرده و یا پیش نیاد که یک فرصت دیگه ایی بدست بیاری حالا هم دیدی آن حنیف بدرد نخورآدم مهمی براشون نبود، مطمئن بودم که با اون نمی تونه زندگی کنه تازه هم شنیدم معتاد و زندانی شده چند بارم واسه دعوا و خلافهای دیگه براش پرونده درست شده خدا به الهه اینا رحم کرد که دستش زود رو شد وگرنه باید بدبخت می شد حالا هم هیچ کسی بهتر از تو براشون نیست ، هم پسر خوبی هستی هم اهل کار و تلاش تازه روپای خودتم ایستاده ایی دستت به دهنت می رسه محتاج کسی نیستی، واقعا حقت بود بعد این همه سال دوست داشتن به الهه برسی.اونم لیاقت آدم خوبی چون تو را داره ، شما با هم می تونین خوشبخت بشین. سعید بعد از شنیدن تعریف و تمجید دوستانش حال می کرد،غرق در رویا می شد و تو دنیای دیگری سیر می کرد، حسین کمی ماسه پاشید طرفش کجایی سعید ؟

سعید : همینجام فکرم رفت پیش الهه ، نمی دونم نظرش راجع به من چی هست ، به نظر شما فکر می کنید اونم دلش می خواد با من زندگی کنه.

علی : صبر داشته باش تازه اول کاره ، حتما تا حالا مادرش راجع به خواستگاری و حرفهای مادرت و ازدواج با تو باهاش کلی حرف زده اگر تا حالا به فکرت نبود از دیشب راجع به تو و آینده اش با تو داره فکر میکنه خلاصه باید پیش خودش زندگی کردن باتو را سبک سنگین کنه من مطمئن هستم با چیزهایی که تو راجع به اون می گی و از رفتارش موقع رفت و آمدش از دانشگاه و سلام و احوالپرسی که با تو می کنه ، شاید اونم نظرش نسبت به تو مثبت باشه. تو با سعید گذشته که پنج ، شش سال قبل می شناخت خیلی فرق کردی دیگه کسی نمی تونه ازتو عیب و ایراد بگیره ،الانه هم سالم و سرحالی و هم ورزشکار و خوش تیپ شدی مطمئنم این تغییر از نظر الهه هم دور نیست و دور نمونده. حالا هم اکثر اهالی محل علی الخصوص خانمهای محل می دونن تو پسر ورزشکار و خوبی هستی. مادرم می گفت دوستت سعید پسر خوب و با ادبی است با اینکه سختی زیاد دیده ولی خوب تونست خودش رو سر پا کنه برعکس بعضی از پسرها که دنبال ولگردی و عیاشی میرن اون نه اهل دوده نه اهل مزاحمت همیشه سرش تو کار

خودشه و میره ورزش میکنه ، خدا برای پدر و مادرش حفظش کنه ، دوستایی مثل سعید و حسین یه نعمته پسرم.

می دونم که اکثر اهالی کوچه نسبت به تو نظر مثبتی دارند پس صد در صد خانواده آقای تهامی هم نسبت به تو دیدشون بهتر شده و هم اونها هم از این و اون و اطرافیانشون حتما چیزهای زیادی شنیدن که نظرشون تغییر کرد و حاضر شدن تو را در جمع خانوادشون   قبول کنند ولی باید بیشتر مواظب باشی موقع خواستگاری کمی خودت را کنترل کنی یه دفعه سوتی ندی نگی من خیلی وقته عاشق دخترتونم و تو کوچه اون و نگاه می کنم و حرفهای سبک نزن اینها باشه برای خودت تو فقط سنگین و رنگین باش تا همه چی درست بشه

سعید : باشه دیگه خودم این چیزها رو میدونم ، حالا دیگه من سرحالم. فرق بد و خوب رو دیگه تشخیص می دم

حسین : آره ولی هنوز کمی هولی ، نمی دونی چی کار کنی به نظر من باید صبر داشته باشی.

علی : بسه ، خسته نشدین اینقدر حرف زدین پاشم بریم شنا. دریا آرومه شنا حسابی حال میده. سعیدهم فرصتی داشته باشه تا فردا بازم راجع به خواستگاریش براموون حرف بزنه ،پاشین دیگه. سه تایی

لباساشونو در آوردن و پریدن تو دریا و مشغول شنا و بازی شدن تا دیروقت دریا بودندوشنا کردند.

چند روز به شروع سال تحصیلی باقی بود الهه بعد از دانستن ماجرای خواستگاری سعید روزها و شبهای زیادی به او فکر کرده بود. حتی افسانه خواهرش هم از این که سعید هنوز الهه را دوست داشت خوشحال بود و به الهه گفت : سعید پسر با شخصیتی است ، درسته تصادف کرده بود و دچار مشکلات جسمی و روحی شده ولی حالا سالهاست که تغییر کرده و پسر باشخصیت و خوبی شده هنوز ساده و صمیمیه.همیشه که همراه کامران یا مامان هستم دیدم که سلام و احوالپرسی می کنه. می دونستم تو رو خیلی دوست داره. همین که ازدواج کردی ولی او تغییر نکرد و هنوز بی اندازه تو را می خواهد وازخانواده اش می خواهد به خواستگاری تو بیایند این طرز نگرش با این آدم ارزش زندگی دارد ، اله جون بهتره اون و قبول کنی و جواب مثبت بهش بدی .

الهه:باشه دارم راجع بهش فکر میکنم . راستش افسانه جون من از هر مردی حالا می ترسم فکر میکنم نکنه دوباره دچار مشکلات بشم ، هرچند این اتفاق برای زندگی آینده ام مهمه ولی چکار کنم من مثل آدم مار گزیده می مونم ، یکبار به اشتباه دل بستم و آن

همه بدبختی و مکافات کشیدم حالا از کجا معلوم که نخوان بعد از ازدواج سرزنشم کنن.

افسانه : حرفت درست ، ولی این سعید که من دیدم ، بیشتر از این حرفها دوستت داره تازه اگه نمی دونستند حق با تو بود. ولی تمام خانواده اش از ماجرای طلاقت باخبرند. تازه همه فکر کردن نامزد کردی و جداشدی ، سرخونه و زندگی ات که جداگانه نرفتی . بهتره که دیگه گذشته را فراموش کنی و به آینده فکر کنی.

درس و دانشگاه شروع شده بود الهه باید درسش را بیشتر جدی می گرفت . برای موفقیت و قبولی با پشتکار بیشتر تلاش می کرد هم از لحاظ ذهنی کمی بیشتر به آینده امیدوار شده بود. از وقتی فهمیده بود سعید با تمام وجودش او را دوست دارد شادی پنهانی تمام وجودش را پر کرده بود و با امید بیشتری روزهایش را پشت سر می گذاشت.

سعید هم روحیه خوبی پیدا کرده بود ، کارهای پایانی خانه اش را داشت انجام می داد ، از مادرش خواهش کرده بود تا به خانه آقای تهامی برود و از سیما خانم و الهه بخواهد برای دیدن ساختمان خانه و نیز دانستن نظر الهه در مورد دکور آشپزخانه و رنگ و شکل کابینت و رنگ اتاقها به آنجا بیایند. سعید از مدتها پیش فکرش را کرده بود همیشه به خودش وعده داده بود که این

خانه را برای الهه خواهد ساخت و امیدوار بود که به لطف خداوند بتواند این آرزویش را برآورده کند و حالا که داشت به آرزویش می رسید دوست داشت خانه را هم با سلیقه عشقش تزئین کند.

مادرش به او گفته بود حالا یه جوری به سلیقه خودت کابینت و کارهای دیگرش را هم انجام بده بعداً اگه الهه قبول نکرد تغییرش می دی که سعید به او گفت دوست دارم در خانه ایی زندگی کنه که دوستش داره می خواهم از زندگی در کنارم احساس خوشحالی و راحتی داشته باشه ، خواهش می کنم مامان بگو امروز بعداز ظهر هر طوری شده بیایند تا کارهایم عقب نیفتد .

شیرین خانم دوست نداشت پسرش را ناراحت کند قبول کرد و قولش را به او داد. سعید به سرکارش رفته بود که شیرین خانم برای رساندن پیغام سعید به خانه آقای تهامی رفت و با سیما خانم جریان را در میان گذاشت و از او خواهش کرد که برای دل سعید هم شده او و الهه بیایند. سیما خانم با خوشحالی قبول کرد. الهه آن روز کلاس نداشت ، پس از شنیدن صدای صحبت شیرین خانم و مادرش از اتاقش بیرون آمد. بعد از سلام و احوالپرسی شیرین او را در آغوش کشید و صورتش را بوسید و به گرمی با او احوالپرسی کرد و رو به الهه گفت : عروس گلم الهه جون به مامان گفتم راستش سعید خواهش کرد بیام به شما بگم چون کار ساختمون

خونه به آخراش رسیده و و کار نصب کابینت و دکور داخلی و رنگ اتاقها مانده از شما بخواهم بیاید تا نظر شما را در انتخاب دکور و کابینت بدونه چون قراره امروز بیان تا اندازه و رنگ و این چیزها را انتخاب کنه. سعید میخواد نظر تو رو بدونه چون نظرت خیلی براش مهمه.

الهه لبخندی زد و گفت : چشم اگر مامان اجازه داد و قبول کرد من حرفی ندارم میایم .

شیرین دوباره الهه را در آغوش گرفت و گفت : قربون تو عروس خوبم بشم باشه پس من منتظر شما هستم ، فعلا سیما خانم با اجازه من برم و بعدازظهر میبینمتون.

بعد از رفتن شیرین خانم ، الهه رو به مادرش گفت : مامان به نظرت سعید آدم خوبیه ؟

سیما : آره دخترم با سعید چند سال قبل خیلی فرق کرده ، بابات چند روز قبل برای سر درآوردن از کاراش به محل کارش رفت ، اکثر آدمهای اونجا از شخصیت و اخلاقش تعریف کردند و گفتند سخت مشغول کار و تلاش است. ما هم خوب میشناسیمش پسر مهربون و سربه راه خون گرم وخوبیه تازه طی این سالها شناختی که ازش پیدا کردیم نسبت با سعید گذشته چندین سال پیش زمین تا آسمون فرق کرده برای خودش مردی شده خوش اخلاق

حالامطمئن هستیم تو رو از جون و دل دوست داره از رفتارهاش وکارهاش ، و همین کاری که الان می خواهد برای دل تو انجام بده علاقشو داره به تو نشون میده انشالله همچی خوب پیش میاد مراسم عقد و نامزدیت و انجام می دیم تا با هم محرم بشین. الهه لبخندی به روی مادرش زد و صورتش را بوسید بعد هم به اتاقش رفت.

سعید بعدازظهر زودتر از همه به خانه اش که در حال ساخت بود رفت منتظر آمدن بقیه مانده بود. نیم ساعتی طول نکشید که مادرش به اتفاق الهه و سیما خانم آمدند. با آمدن آنها سعید برق شادی در چشمانش موج می زد به گرمی از آنها استقبال کرد سعید حیاط خانه را به زیبایی گل کاری کرده بود حوض و آب نمای زیبایی در میانش قرار داده بود که با گلها و درختچه های کاشته شده حیاط به خوبی هماهنگ بود و زیبایی حیاط را دوچندان کرده بود . الهه و مادرش از خانه و سلیقه و این همه زیبایی که در بدو ورودشان میدیند تعریف کردند . بعد از چند پله وارد سالن شدند کف آن با سرامیکهای خیلی زیبا فرش شده بود سالن نسبتا جادار و زیبا بود که در گوشه سمت راستش آشپزخانه قرار داشت در گوشه سمت چپ پاگرد پله ایی دیده میشد که به سمت بالا و دو اتاق خواب و سرویس حمام و دستشویی می رفت

. الهه پیش از همه رفته بود که اتاق خوابها و سرویس دستشویی و حمام را نگاه کند و به نظر می رسید سعید در انتخاب کاشی و سرامیک دقت زیادی کرده بود و رنگهای زیبا و شادی را انتخاب کرده بود که الهه از دیدن سرویسها لبخندی به لبش نقش بست وسایل داخل آنها هم از بهترین نوع نصب شده بود که همه از آنها تعریف کردند.

سعید در تمام مدت تمام توجه اش به الهه بود و با دقت در حالت و چهره و عکس العملش از دیدن خانه را می دید.سعید راجع به رنگ اتاق خوابها و کمد دیواری از الهه سوال کرده بود . الهه دوست داشت رنگ شاد و روشنی باشد ولی سفید نباشد از داخل کاتالوگ چند رنگ را انتخاب کرد که به سعید نشانشان داد تا خودش و نقاشش یکی که بهتر است و بیشتر به اتاق میاید انتخاب کند. بعدهم راجب کابینت آشپزخانه وجاگذاری لباس شوی وظرفشوی نظرهای جالبی داد که سعید برایش قابل توجه بود سعید هرچه را که نمی توانست به یاد داشته باشه سریع می نوشت و لبخند رضایت از لبانش محو نمیشد .وقتی که بازدید الهه و سیما خانم و مادرش تمام شد رفتند و سعید برای سفارش وسایل به راه افتاد . تا فرا رسیدن شب سعید اکثر کارهای لازم برای تکمیل خانه را به سلیقه الهه انجام داد.

وقتی به خانه رسید هنوز لبخند از لبانش محو نشده بود به مادرش سلام گرمی کرد و از بابت آوردن الهه تشکر کرد. مادرش هم خوشحالیش را دو چندان کرد و به او گفت که سیما خانم و الهه به او گفتند که آنها تا یک ماه آینده برای نامزدی آماده می شوند و در طی این مدت هم کمی کارهای مقدماتی مراسم را فراهم می کنند و کار سعید نیز سبک تر شود. آن شب برای سعید شبی رویایی بود با تمام وجودش شاد بود از اینکه دیگر می تواند الهه را بدون ترس و دلهره دوست داشته باشد ، خوشحال بود و افتخار می کرد.

روزها به سرعت از پس هم می گذشتند و خانواده آقای تهامی شرایط را آماده کردند ، قرار شب بله برون و عقدکنان بین دو خانواده بسته شده بود. آقا رستم برای شب عقدکنان که از قرار شب پنجشنبه تعیین شده بود با اکبر آقا هماهنگ کرد و دو روز مانده اکثر آشنایان نزدیک را از ماجرا مطلع کرد و قرار آن را برای شام در خانه خودشان و بعد از ساعت ۷/۳۰ در خانه آقای تهامی گذاشته بود. سعید در تب و تاب رسیدن به الهه روی پا بند نبود. به گل فروشی رفت و سفارش دسته گلی زیبا را داده بود برای شب پنج شنبه از یک هفته قبل کت و شلوار مشکی با پیراهن سفیدو کروات تیره برای خودش خریده بود و آماده شده بود. برای شب نامزدی با آرایش گاه قرار داشت طبق قرار ساعت

سه الهه را به آرایشگاه برده بود و او و خواهرش و یکی از دوستانشان منتظر آماده شدن عروس بودند. سعید بعد از آن باید ساعت ۶ به آرایشگاه برای سشوار و رسیدن به سرو وضع خودش میرفت. بعد از دوش گرفتن آماده شد و به سمت آرایشگاه به راه افتاد بعد از انجام کارهای خودش باید سریعتر به دنبال الهه می رفت سر وقت خودش را رساند ، دست گل زیبایی را از قبل برای این لحظه آماده کرده بود از گل فروشی گرفت وقتی جلوی در آرایش گاه رسید چند بوق زد و پیاده شد و در ماشین را باز کرد . از قبل افسانه با او تماس گرفته بود و آماده شدنشان را اعلام کرد و سعید هم خودش را به موقع رساند.

وقتی چند بوق زد در آرایشگاه باز شد افسانه بود که از او خواست لحظه ایی صبر کند و اگر دوست دارد به داخل بیاید تا چند عکس از این لحظه زیبا و به یاد ماندنی از او و الهه بگیرد. سعید با جان و دل قبول کرد و دسته گل به دست وارد شد. چشمش به الهه افتاد بی اختیار اشکی از گونه اش جاری شد ،با همه سلام و احوالپرسی مختصری کرد و نزدیک الهه رفت و دسته گل را به دستش داد و آرام و با محبت به او گفت : خیلی زیبا شده ایی، خوشحالم که در کنارت هستم ، این لحظه بهترین لحظه زندگیم است که آرزویش را داشتم. الهه لبخندی به رویش زد و تشکر

کرد. در کنار هم افسانه چند عکس از آنها گرفت و به سمت خانه به راه افتادند نرسیده به خانه سعید شروع به بوق زدن کرد و ورودشان را اعلام داشت.به محض رسیدن سریع پیاده شد و در را برای الهه باز کرد و او را مشایعت کرد و به سمت خانه شان به راه افتاد.

آن شب جشن و شادی دو خانواده به خوبی با رقص و شادی فامیل و بچه ها مراسم عقد و نامزدی آنها به خوبی برگزار شد و آن دو به عقد هم در آمدند و هرکسی خود را به آنها می رساند و تبریک می گفت. اکثر آشنایان در کنار آنها عکس یادگاری گرفتند و شادی و پایکوبی کردند . الهه با تمام وجود خوشحال بود از این که می دید سعید برای او سنگ تمام گذاشته است و آنقدر بی ریا به او مهر و محبتش را پیش کش می کند خوشحال بود . سعید تمام این اتفاقات را برای خودش باور نکردنی می دانست . بارها از الهه پرسیده بود که خواب نمی بیند ؟ واقعاً به آرزویش رسیده است ؟ آیا بعد از همه تنهایی ها و درد عشق به عشقش الهه رسیده است ؟ الهه می خندید و می گفت : باور کن خواب نیستی در کنارم نشسته ایی. من خیلی خوشحالم که در کنارتم و به هم لبخند زدند.این آغاز زندگی مشترکشان بود. آنها بعد از چند ماه مراسم ازدواج خود را در بزرگترین تالار شهر برگزار کردند شبی به یاد

ماندنی به خانه خود رفتند و زندگی مشترک در زیر یک آشیانه گرم و پر از عشق با تمام وجود آغاز نمودند.

پایان